The Consolation of Philosophy

哲学的安慰

[古罗马] 波埃修斯 著

陈越骅 译

图书在版编目（CIP）数据

哲学的安慰 /（古罗马）波埃修斯著；陈越骅译
. 一上海：东方出版中心, 2021.7（2023.5重印）
ISBN 978-7-5473-1863-8

Ⅰ. ①哲… Ⅱ. ①波… ②陈… Ⅲ. ①新柏拉图主义
—哲学思想 Ⅳ. ①B502.44

中国版本图书馆CIP数据核字（2021）第134351号

哲学的安慰

著　　者　［古罗马］波埃修斯
译　　者　陈越骅
责任编辑　陈哲泓
装帧设计　陈绿竞

出版发行　东方出版中心
地　　址　上海市仙霞路345号
邮政编码　200336
电　　话　021-62417400
印 刷 者　上海万卷印刷股份有限公司

开　　本　890mm × 1240mm　1/32
印　　张　7
字　　数　101千字
版　　次　2021年7月第1版
印　　次　2023年5月第2次印刷
定　　价　35.00元

目录

译者导言[1]

《哲学的安慰》是一部跨文化经典，它从诞生至今不断在各个国家中得到翻译，不仅安慰过一代又一代身处“黑暗中世纪”的读者，而且成为欧洲民族文化觉醒的催化剂。该书以拉丁文写成，仅在英语世界就有延续一千多年的翻译史，直至今日，长盛不衰，读者甚众，在各大书店往往能看到它数个译本并列。[2] 9世纪末，文治武功俱佳的阿

① 本文原刊于《中国社会科学报》，2015年6月17日，B02版。现经修改，收录为译者导言。

② 本书选用底本是拉丁文—英文对照的：H. F. Stewart, K. K. Rand, S. J. Tester（tr.），*Boethius: the Theological Tractates, the Consolation of Philosophy*, The Leob Classical Library , London: Harvard University Press, 1973。

尔弗雷德大帝是不列颠土地上《哲学的安慰》的第一位译者，他的译本抬高了西撒克逊语作为文学和文化语言的地位，也为英语登上世界舞台唱响了先声。14 世纪的大诗人乔叟是第二个重要的译者，他为此发明了许多古英语的新词汇，而且他的作品深受该书影响。16 世纪，英国女王伊丽莎白一世在修习拉丁文时也完整翻译过该书。一本书有两位国王作为译者也是世所罕见的。

波埃修斯（Boethius，公元 480—524 年），通常被评价为“罗马最后一位哲学家，中世纪第一位经院神学家”。他也许是最后一位直接通晓希腊文的拉丁哲学家，曾誓言要把手上全部的亚里士多德著作和柏拉图对话录都译成拉丁文。他也是一位虔诚的正统派基督徒，写过多篇论证严密的神学论文阐释三位一体等核心教义。因他在执政官任上被陷害入狱，一年后被处死，终没能完成心愿。他的两项工作最为著名，一个是翻译了波菲利的《逻辑学导论》，使该文成为中世纪逻辑学必学篇章，有学者评价说：“中世纪学生所学习的东西，以及经院哲学所研究的问题，几乎全部是由波埃修斯提出来的，至少是他从古代哲学中带来的，甚至人们所使用的哲学术语也无不出自他。”[①] 另一个就是身陷囹圄时写就的《哲学的安慰》。该书是波埃修斯一生思想的高峰和绝唱，长期被认为是有教养的人书房中必备图书。

《哲学的安慰》(拉丁文：*De consolatione philosophiae*，英译：*The Consolation of Philosophy*）主线情节很简单，就是波埃修斯与哲学女神两人的对话，双方时而大段独白论证，时而以诗歌抒情。起先波埃修斯对自己的遭遇感到愤懑不平，伤痛欲绝；哲学女神指出他所说的幸与不幸都是命运的偶然所赐，而真正的、具有必然性的幸福是超越尘世的至善，只有后一条道路是历代哲学家们指出的真理之路。因为整个天空的星辰、四季循环、潮起潮落都有确定的、理性的规律，所以万物背后肯定有统一的本原。本原必然是存在的根基，自足和至善，因此它也是万物运动的终极目的。在这个统一的秩序中，本原赋予万物存在和本质。本原也就是“神”。而人世间也不是混沌的，与自然界一样是同一个本原，人的终极幸福就是至善。好人选择向善，与本原保持一

① 胡龙彪，《拉丁教父波爱修斯》，北京：商务印书馆，2006 年，第 350 页。

致，而善（好）就是幸福，所以好人的奖赏就是好人自身；恶人选择逃离至善，也就从万物存在的等级之链往下掉，失去了人之为人的本质和幸福，其实是软弱无力的。神在时间之外的永恒“现在”中预知一切历史，人是在时间维度中的旅客，所以神的“全知”并不与人的自由意志矛盾，所以人在他公正的审判之下应该追求善。

哲学安慰了谁？我们想象一下，作者从小受到良好教育、出身名门、家庭幸福、位极人臣，突然被囚禁在远离故乡的单人牢房，面对不确定的死期，在巨大的精神压力下饱受折磨，遭受了人生意义的终极危机……其实能够与他对话的只有自己。书中人物的“波埃修斯”及历史上作为作者的波埃修斯是有区别的。书名中的“哲学”也指对话的引导者“哲学女神”——确切来说“女神”是按中文习惯在译本里加上的，“哲学”在拉丁语里是阴性名词，所以作者很自然地将它人格化为一位神奇的女士。有学者指出，书中描写哲学女神的衣服破烂陈旧，上面的字母θ既指“理论”，也隐喻“θάνατος”（死亡），因为当时死囚衣服上都印有这个字母。所以很可能作者看到自己囚衣，神情恍惚中，抽离出心灵的理性部分投射为“女神”，感情部分则为“波埃修斯”。

波埃修斯被誉为“基督教的苏格拉底”，书中波埃修斯确曾自比苏格拉底：两人同样都因为坚持哲学、坚持真理而被判死刑。《斐多篇》中的苏格拉底提出“学习哲学就是练习死亡”，即人通过实践哲学能够从容面对死亡。这也构成作者的自我定位和写作动机之一。全书结构有意借鉴了柏拉图对话的形式：引导者逐步引出回应者内心的“回忆”。这是苏格拉底的“辩证法”，就其结果可称为“知识助产术”，就其发生场所也可称为“心灵 / 灵魂治疗术”。

如果说整场对话是作者的“自言自语”，是思想的独白而不是对话的记录，那么，“哲学的安慰”，就是作者在死刑前的自我安慰和自我救赎。全书未道出的余韵是，两位波埃修斯都得到了哲学的安慰，灵魂得到了救赎，从而坦然赴死。读完全书，读者跟随作者重新经历了哲学安慰的治疗历程，于是服用了作者提供的灵魂治疗的药剂。然而，波埃修斯也是每个向死而生的凡人的缩影，他的自我拯救表明，人最终都必须自己找到自己确信的“安慰”。

更重要的是，波埃修斯也“安慰了”作为传统智慧的哲学本身。全书问题的起点是人生的公正为何没有保障——好人为何没有好报，坏人为何没有坏报？古典哲学指出了真善美的价值，但往往在信仰维度比较薄弱，例如无法说服人们相信这些价值既有终极的担保还有以之为标准审判善恶的主宰者。主角反思自己的一生，在外没有做过恶事，在内也没动过恶念，唯有谨遵哲学教导在公共事务中秉持公正的美德，却惹来杀身之祸，反而是恶人逍遥法外。他面临着理论与现实的巨大矛盾，无法解释发生的事实，令心灵失去判断的标准。可以说，“哲学”暂时失灵了。全书通过弥合希腊传统的自然哲学、本原论与神学上神正论的鸿沟，解开了主角的心结，令其心灵痊愈。实际上，善恶与神的奖惩是《圣经》里非常重要的主题，例如《约伯记》就引起了关于“德福一致”的广泛讨论和文学创作，这些可能为波埃修斯提供了理论借鉴。书中特别是关于预定论与自由意志相容的论证，发前人所未发，是对哲学本身的重要补充。

从安慰的内容看，为何是“哲学”而非“宗教”，引发了长久的关于作者和著作的信仰身份的争议。书中从自然现象中包含着符合理性的规律出发，从人的经验常识和最基本的哲学概念推论出造物主的存在及真、善、统一、自足等本质，如此处理比启示神学更具有普遍的说服力。这秉承了希腊哲学理神论的传统，实则提出了一种宗教哲学，是对跨宗教的、跨文化的人类神圣性意向的概括。其实，书中拟人化的哲学并不是“神”，她的形象并不完美，起着引导主角认识神圣秩序的中介作用，可以说是中世纪著名命题“哲学是神学的婢女”的预兆。

全书还是作者对当时烦躁不安的罗马社会的安慰。书中第二、第三卷剖析权力、地位、财富、荣耀、快乐是虚假的幸福，因为它们都是短暂的、有限的、有所缺乏的。而这些恰恰是罗马世俗社会长久以来所看重的东西，被认为是幸福的标志。波埃修斯认为重要的是它们代表的本质：力量、尊重、满足、名声、心灵愉悦，而这些品质的总体就是幸福，并且通往幸福依靠的是各种美德而不是外在的物质利益。

该书也产生了许多脍炙人口的典故，而这些惟妙惟肖的文学想象，又进一步影响了普罗大众对宇宙人生的看法。

例如，书中描绘了一幅场景：盲目的命运女神转动着“命运之轮”(the Wheel of Fortune)，今天还是社会最底层的奴隶，明日却被抬升到至高点成为万人朝拜的国王；反过来，许多王侯将相从高处跌倒、沦为阶下之囚。这一比喻生动地描述了罗马帝国晚期社会动荡、人生无常的普遍经验，也在接下去漫长的历史中无数次地得到验证。“命运之轮”成为一个西方文化的谚语，甚至出现在热播的美国电视剧《权力的游戏》里：剧中的真龙女王表示自己不是要参与轮流坐上王座的游戏，而是要彻底打碎这个“命运之轮”。中国读者对这里描述的封建社会“历史大轮回”应该不陌生，我们也有“风水轮流转”等类似历史经验。然而，贯穿全书的主旨之一正是通过阐明人类社会与自然界一样也有恒常的客观规律，鼓励人们运用理性与信仰征服命运。可以说，该书在现实中还安慰了无常历史的征服者。

陈越骅

2021 年 4 月 2 日于杭州浙江大学紫金港校区

第一卷

一[1]

曾几何时我谱写诗篇意气风发；
而今开始我须含泪水叹息悲歌。
看哪，撕心裂肺的缪斯命我书写挽诗，
使得毫不掩饰的眼泪湿透了我的脸颊。
然而，唯有她们是陪我上路的伴侣，
让我免于恐惧不安。
她们从前是我年少有为时的荣耀，
如今是我愁苦老年不幸的安慰。

① 全书分 5 卷，每一卷里面诗歌与散文相互间隔，传统上这两个部分又用数字标注以便读者查阅。原文拉丁文诗歌韵律即使用英语也很难传达，所以中文翻译也不强求形式上符合诗歌韵律，只重达意。

未曾料年纪陡增，厄运催人老，
无尽烦恼添岁月：
未知天命头已白，肌肤松弛垂无力，
挂与身架共颤巍，我已油尽灯枯了。
人们陷入痛苦时，而不是在欢愉年华时，
常常召唤死亡的降临，以之为有福；
然而，我的呼声他没有听见，
残忍啊，他怎不立刻合上我的泪眼。
当初无信的命运眷顾我的时候，
片刻这样的苦难就能把我碾碎；
现在她已变换了云雾缭绕的骗人嘴脸，
让我这罪孽的生命在痛苦中拖延无期。
啊，为什么，我的朋友，
过去你们老是夸耀我的福气？
可知道现在这个跌倒了的人，
已经再无站稳之时。

当我独自静思，运笔记下这篇含泪的怨诉之时，我的头顶上方似乎站着一位女子。她的容貌让我充满敬畏；她目光炯炯，穿透一切，超过任何凡人的眼神；她肤色鲜亮，活力四射，然而她外表古老，没有人会认为她是我们这个时代的人。很难说她有多高，因为在一个时候她的形体与常人无异，在另一个时候她头上的王冠与天相接；当她抬起头来的时候，她穿透苍穹，不再为人所见。她身上的衣裳是用一种非常纤细、不会朽坏的丝线织成的，手艺精巧；她后来告诉我这是她亲手织的。由于年代久远，她的衣裳蒙上了一层黑色，就像一尊在庙堂里被烟熏黑的祖先雕像。衣裳的下缉边绣着希腊字母 Π，上缉边绣着 θ，[①] 两个字母中间又有许多标记，就好像一张梯子，人可以从最下面的字母一直爬到最上面的字母。但是，有人粗暴地撕裂了这件衣裳，并扯走他们能够拿到的碎片。她右手拿着一本书，左手握着一柄权杖。

她看到掌管诗歌的缪斯站在我的床边，帮我搜刮辞藻用于哀诉，她起先一怔，随后两眼冒着怒火，大声呵斥道："谁让这些轻佻的荡妇进来缠着这位病人？她们不仅没有良药治愈他的痛苦，而且用她们甜蜜的毒药加重他的病情。她们用不结果实的激情的荆棘窒息了理性的丰硕果实。她们使人的心灵适应他的疾病而不是帮他痊愈。如果你们的诱惑仅

---

① 象征哲学的两个部分：实践的（Practical）和理论的（Theoretical）。

在于使一个无学识的人心烦意乱，就如他们平常所为，我还不至于如此严厉——毕竟在我们[①]执行任务时不会对我们造成伤害——但是你们干扰了这位受爱利亚学派和学园派[②]思想滋养的人，我就要严肃对待了！滚出去，你们这些诱骗人们径直走向毁灭的塞壬女妖！[③]把他留给我的缪斯照顾，直至恢复健康！”经过这番训斥，这些缪斯女神[④]沮丧地耷拉着脑袋，她们脸上的红晕表示她们感到羞愧，黯然离开了我的房间。我由于泪眼蒙眬，无法认清这个具有发号施令权威的女子是谁；我被这突如其来的一幕弄得说不出话来，不敢抬起眼睛；我只好默默地等待，看她下一步会做什么。她走了过来，挨着我的床沿坐下；她看着我那悲伤流泪、疲惫不堪的脸，用下面的诗句对我心灵上的紊乱表示叹息：

二

啊！海浪凶险，淹没了他！

① 与无学识的人相对，指哲学女神及其追随者。

② 两个古希腊哲学流派。爱利亚学派的创始人是塞诺芬尼，主要代表人物是巴门尼德和芝诺；学园派的创立者是柏拉图。

③ 塞壬是希腊神话中半人半鸟的女妖，用美妙的歌声引诱航海者触礁。

④ 本书为了便于读者理解使用“缪斯女神”“命运女神”“哲学女神”等译词，实际上在拉丁文原文并没有“女神”之意，只是因为都是阴性名词，拟人形象也都是女性而已。

他的心变得呆滞，原有的光芒全然消逝，
他的心进入外部的黑暗，而有害的烦恼
被世俗的狂风吹胀，无法度量。
这个人
曾惯于在开阔的苍穹下，自由徜徉在
那些通往九天的道路上；曾惯于凝望
瑰红阳光，还有星座环绕的清冷新月，
也凝望每一颗在漂泊道路上行进的星星，
旋转着行经它们的轨道——所有这些，
他通过数字和规律来掌握。①
此外，他探寻和认识众多的原因：
为什么咆哮的飓风要掀起海上的狂涛？
围绕这颗恒星②旋转的是什么样的气？
鲜红的太阳为什么从东方升起
在西方的波浪中沉没？
是什么温暖了春天沉寂的时光

① “数字”在这里指数学化的天文学。继柏拉图的学生欧多克索斯之后，希腊天文学建立数学模型，用来描述太阳、月亮和行星的运动，计算它们的位置。波埃修斯学过天文学，并写过一本拉丁文的天文学教科书，该书已佚失。

② 此处的恒星（fixed star）指地球，当时的人认为地球是宇宙不动的中心。

让大地生机盎然，开满鲜花玫瑰？
是谁造就了金秋硕果累累，
让人在一年中收藏熟透的葡萄？
他探寻并揭示自然所有隐秘的原因。
而今，他僵卧着，
心灵的光芒日渐黯淡，
套在脖子上的沉重锁链让他低头躬身，
在忧虑的重累下，他沮丧地往下看，
但他什么都看不到，
除了呆滞僵硬的尘世。

她说：“你现在需要的是治疗，而不是抱怨。”她热切地注视着我，又说：“你真是那个我用乳汁哺育、用粮食喂养而长大成人的孩子吗？我难道没有给你提供那些能让你现在保持坚定和安全的武器吗，要是你还没有丢弃它们？你还认得我吗？为什么不说话？你的沉默是因为羞涩还是茫然？我情愿认为你感到羞涩，但我能够看出你有多么茫然。”看到我不仅沉默不语，而且目瞪口呆，她温柔地把手放在我的胸前，细声说道：“他不是真的生命垂危，只是受到折磨而消沉怠倦，迷茫的心灵通常都会出现这种病症。

他只是暂时忘掉了真正的自我。他很快就会康复——他会的，毕竟他以前认识我——因此，让我稍后再除去遮蔽他的双眼的俗世迷雾吧。”她一边说着，一边用她自己的衣衫为我擦拭流泪不止的眼睛。

三

于是黑暗驱散，幽冥离我而去；
我的眼神又变得坚定。
此前，就像持续的西北风带来暴风雨，
天空乌云密布，不见天日，
在星光出现之前，
漆黑的夜幕降临，有如洪水笼罩整个世界；
此后，就像色雷斯洞穴[①]中吹出北风
席卷夜幕，让白昼重光，
由此而来的万丈光芒
顷刻晃耀我惊奇的双眼。

就这样，笼罩在我心头的愁云惨雾被一扫而空，我畅

① 色雷斯（Thrace）位于希腊本土北部，希腊神话中的风神居住在埃俄罗斯（Aeolus）的洞穴中。

饮皎洁的灵光，恢复了足够的气力，辨认出我这位医者的脸。我安宁清晰地看着她，认出了这位哺育我成长的保姆，哲学女神，想起自己年轻时经常去她家造访。我不禁问道："你怎么来了，一切美德的女王啊，你为什么要离开天上高贵的宝座，降临这片蛮荒之地，来到我被放逐的地方？我是一个受到诬告的人，为什么你也要和我一起站在审判席上？""我怎么能遗弃你呢？我的学生。"她答道，"我怎能不分担你的辛劳，帮助你背负重担？你之所以承受重负，乃是因为我的名字被人痛恨。哲学让一名清白无辜者独自在路上踯躅肯定是不公正的。难道我会害怕自己被控告，会对这种闻所未闻的事情感到战栗吗！智慧在一个道德败坏的社会里遭受攻击，并陷于危险境地，你认为这是第一次吗？很久以前，早在我的学生柏拉图出生之前，我不也经常要与傲慢和无知奋力拼搏吗？他在世的时候，他的老师苏格拉底坚持自己的信念，赢得殉道者之死作为回报，当时陪在苏格拉底身边的不正是我吗？ 柏拉图离世之后，伊壁鸠鲁学派、斯多亚学派等等一拥而上，尽力争夺他的遗产，他们抓住我而不顾我的抗议和挣扎，好像我是战利品的一部分，他们撕裂我亲手编织的衣裳，抢走某些碎片，却以为占有了我的全部。由于他们似乎穿着我的衣裳的碎片，所以他们中的某些人被错认为我的仆人，受到心中充满幻觉的无知民众的辱骂。即使你不知道被雅典放逐的阿那克萨哥拉，饮鸩而死的苏格拉底，或者受尽折磨的芝诺这些发生在国外的事情，你肯定能想到卡尼乌斯、塞涅卡、索兰纳斯，他们的遭遇既离你不远，也不是秘密。①他们死亡的原因只有一个，这就是他们踏着我的足迹成长，因此他们的行为和追求与那些缺乏德性的人比起来完全不一样。这也难怪我们要在今生的大海上与狂风暴雨艰苦搏斗，因为我们命中注定要激怒那些奸邪之徒。他们虽然势力强大，我们依然应当用藐视来回敬，因为他们缺乏领导，只不过受到疯狂和无知所驱使，忽东忽西，一片混乱。如果他们把目标对准我们，向我们步步进逼，那么智慧——我们的统帅——将把她的军队撤回大本营，而让我们的敌人去忙于翻找那些无用的辎重。而此时我们完全避开他们愚蠢的暴乱带来的伤害，站在高处俯视嘲笑他们，因为他们

① 这里提到一些希腊哲学家的遭遇。阿那克萨哥拉于公元前 450 年为了免遭迫害而逃离雅典；爱利亚学派的芝诺为反抗僭主暴政而死，苏格拉底于公元前 399 年在雅典被判处死刑。卡尼乌斯、塞涅卡、索兰纳斯是罗马斯多亚学派的哲学家，因各种原因而被罗马皇帝处死。卡尼乌斯公元 40 年死于罗马皇帝卡里古拉之手，塞涅卡和索兰纳斯分别于公元 65 年和 66 年死于罗马皇帝尼禄之手。

只能是愚蠢和狂暴地俘获那些毫无价值的东西，而无法逾越保护我们的城墙。”

四

凡将自傲的宿命置于脚下碾碎的
必在自己安排妥帖的生活中保持宁静，
凡能直面命运、无论好歹的
必能坚定抬起未曾屈服的头颅；
海底深处涌上来的翻腾暗流
暴怒的汪洋大海和来自四方的威胁
不能使他烦忧，
熔岩深处时常喷出的岩浆
维苏威火山①散发出来的黑烟
不能使他心乱，
从天而降划破天际的霹雳
受了雷劈轰然倒塌的宝塔
不能使他变色。
这些可怜的人为什么如此麻木，

① 维苏威火山（Vesuvius）位于意大利西南部，是欧洲大陆唯一的活火山。

震慑于暴君那缺乏真正力量的愤怒?
抛弃期望和恐惧吧,
这种愤怒是虚弱的、手无寸铁的;
但那些怀揣恐惧和欲望颤抖不安的人,
内心必定浮躁而完全不能自持,
他们会丢弃盾牌,离开岗位,
将自己拴在锁链上任由他人牵引。

她说:“你现在明白我刚才说的话了吗?它有没有渗入你那患病的心灵?或者说我根本就是在对牛弹琴?你为什么还在哭泣,以泪洗面?就像荷马所说,

讲出来,不要把它埋藏心底①。

如果你想得到医生的治疗,你必须袒露你的伤口。”

于是我鼓起心中的勇气对她说:“你真的还需要问我吗?我在命运的摆布下受到残酷的虐待,事情不是明摆着吗?这个房间的恶劣状况还不能使你有所感触吗?你还记

① 荷马:《伊利亚特》第1卷,第363行。

得我家的那个图书馆吗？它曾经是你为自己挑选的安全寓所，在那里，你经常坐在我的近旁，和我讨论各种知识，既有关于人伦的，也有关于神圣的。我追随你探索自然的奥妙，你用权杖为我勾画行星的轨迹，你按照天上的星辰秩序为模板塑造我的品性和我全部的生活习惯，在那个时候，我是现在这副模样、现在这种神情吗？我们顺从地为你服务，这就是我们应得的回报吗？你借柏拉图之口树立了这样的原则：哲学家为王，或者为王者是哲学家，国家必得幸福。[1]通过同一个柏拉图之口，你告诉我们，这就是哲学家必须参与政治事务的原因，以免国家的统治权落在卑鄙、邪恶的小人手中，造成国家的堕落和毁灭，祸害好人。正是听从了你的教诲，我才选择投身于公共事务的管理，并将我在闲暇时从你身上学到的知识应用其中。上帝将你安置在哲学家的头脑中，你们两位是了解我的，我履行公务的出发点是所有好人共同的意愿，我从来不抱其他动机。为此，我和那些卑鄙小人发生了无数次不可调和的激烈争执。为了保持良心的自由，我自始至终维护着正义和法治，而无论冒犯多少比我更有权力的人。

---

① 柏拉图：《国家篇》473D。

“我多次阻止康尼加斯图掠夺弱者的财富！我多次挫败皇家卫队长特里古拉的图谋或者实际已经干出的不义之事！①蛮族②为了满足自己持续不断而未受遏制的贪欲，用数不清的粗鲁手段盘剥百姓，我多次不顾自己的安危，运用手中的权力保护这些贫穷的可怜人，使他们免受折磨！谁都不曾使我无视正义，做下不义之事！强盗的洗劫和国家的横征暴敛使得各个行省无数的家庭家破人亡，我对此痛心疾首，感同身受。在一次令人忧心的饥荒中，眼看一道可怕的但又几乎不可违抗的政令将要执行，要对生产者采取强制收购的手段③，结果将使整个坎帕尼亚行省④的人民陷入赤贫的境地；为了公众的利益，我竭尽全力与禁卫军长官进行斗争，在国王面前反对强制购买，最终获得胜利。包利卢斯，一位执政官级别的人，他的家产被宫廷里

① 关于康尼加斯图（Conigastus）和特里古拉（Trigguilla），我们所知不多，仅仅知道波埃修斯的继任者卡西奥多鲁斯（Cassiodorus）曾经给后者写过一封信。卡西奥多鲁斯接替波埃修斯作为首席行政长官，效命于意大利东哥特国王塞奥多里库（Theodoric）。

② 指当时统治罗马的哥特人。

③ 这里强制收购的原文是 Coemptio，指以低廉的价格收购食物并反过来以极高的价格卖出。

④ 坎帕尼亚（Campania）位于意大利南部，当时东哥特王国的统治区域只有亚平宁半岛。

的豺狼盯上，几乎要将它们吞吃殆尽，而我在这样的时候保住了他的家产。阿尔比努[①]，另一位执政官级别的人，未经审判就被定罪处罚，为了制止这件不义的事情，我不惜与诬告者西普里安为敌。在那样的时候，我难道不应该平息心头的愤怒？当然，我要是真的这么做了，我和其他人的相处会比较安全，然而出于心中对正义的崇敬，我从来不愿和阿谀奉承之辈同流合污或独善其身。是谁在诬告我，并且想把我置于死地？其中一个是巴西尔，他曾经为国王服务，但后来被解雇，有人以他背负的债务相要挟，让他跳出来指控我。另外两个人，奥皮利奥和高登提乌斯，由于多次行骗，被国王宣判流放，但是他们拒绝服从，反而藏身于一间寺庙。得知此事后，国王命令他们在指定的日子以前离开拉文纳，否则将在他们的额头上打上烙印，驱逐出境。难道还有比这更严重的惩罚吗？就在国王指定的那一天，我却遭到了指控，并且原告人名单上赫然写着他们两个的名字！我倒要问你，这就是我尽忠职守所获得的奖赏吗？他们先前所犯的罪恶反倒使他们成为道貌岸然的原告吗？命运之神难道就一点也不为此感到羞耻吗？即使

① 阿尔比努（Albinus），前执政官，他的信件为国王截获而被怀疑搞阴谋。波埃修斯站出来为他辩护而获罪。

不以无辜者之被诬告为耻，那也应当以诬告者之卑劣为耻吧？

“你想知道他们控告我的罪名是什么吗？概而言之：试图保护元老院。我又是如何做这件事的呢？他们控告说：我阻止这伙原告提出的指控元老院犯了叛国罪的证据。女神啊，您对此有何感想？为了不让您替我感到羞愧，我应当否认这项指控吗？但我真的愿意保护元老院，并且一刻也未曾停止过这样想。那么反过来，我应该承认这个控告吗？然而，阻止他们提出控告的时机已经逝去。我应该把‘试图维护元老院的法令’这种做法称作错误吗？元老院对我的判决已经证明了法令自身的错误。但是，自欺的无知改变不了事物真正的价值，况且按照苏格拉底的忠告[①]，隐瞒真相，承认自己犯了错误，这样做对我不适用。事情的真相到底是什么，我把它留给您和哲学家去评判；我已经将它写下来留给后人铭记，以免这一事件的真实细节被世代隐瞒。为什么一提起这些诬陷我的伪证，就把重点牵扯到‘曾经争取罗马自由’上来？假如允许我亲自剖析原告自己的证词，我必将他们所作伪证的荒谬公示于天下，这

① 参阅柏拉图：《国家篇》485，《泰阿泰德篇》151D。

种办法在所有类似事件中总能起到最大的效应。但是现在我还能奢望什么自由？假如还有一丝一毫自由的话，我将借用卡尼乌斯的名言来回答；卡里古拉皇帝说卡尼乌斯反对皇帝的密谋已经被人知道了，卡尼乌斯回答说：‘我要是知道，你就不会知道！’在这次事件中，悲伤至今未能使我的理性变得迟钝，我控诉这些不义之人试图将罪恶加诸美德，然而令我惊愕不已的是：他们居然如其所愿地成功了。因为，一个普通人或许难免会有一些邪恶的念头，但是一个邪恶的人所策划的任何阴谋总能祸害善良无辜者，这在神的眼中肯定是荒谬的。所以你的信徒曾经问你：‘假如上帝存在，恶是从哪里来的？假如上帝不存在，善又是从哪里来的呢？’① 这样问并非没有理由。那些奸邪之人想要让所有好人和整个元老院鲜血流淌，也必定想要拔去我这个眼中钉，因为我在为好人和元老院抗争。但是我现在必须遭受与元老院成员不一样的待遇吗？我希望你还记得当时的情景，因为你和我在一起并指点我的一切言语和行动。

① 这个两难推理的出处不明。注释者一般将其归于伊壁鸠鲁（残篇 374，来自拉克唐修［Lactantius］的《论上帝之怒》13. 21），但稍有不同，那里的原意是：上帝要么能够阻止邪恶但不愿意，要么愿意但是没能力。更早的原型可以在柏拉图的《国家篇》（379）那里找到。

那是在维罗纳，国王[1]试图将针对阿尔比努的叛国罪指控牵连到元老院所有成员身上，迫不及待地想把他们都杀掉，而我为他们的清白辩护，完全不顾自身的安危。你知道我讲这些事情只是在叙述事实，而不是在为自己唱赞歌，我也从未想过要为自己唱赞歌；假如有人炫耀一件不为旁人所知的事情，让别人品头论足，以此获取回报，那么他享受到的精神满足必定不如自我认可。可是，你看啊，我的清白得到什么下场：做好事没有得到赞赏，没做的坏事却受到惩罚。还有什么罪行能与我的所谓罪行相比吗？证词清楚明白，证人众口一词，判决无比严厉，乃至于无人顾念这是一时的糊涂，或者顾念凡人都会遭遇命运的无常戏弄，从而考虑减轻对我的处罚。如果他们控告我试图焚毁一座圣堂，或者亵渎地谋害了许多祭司，或者策划杀害所有好人，我就应当到公正的严惩——但即便如此，在此之前也应该对我进行公开的审判，让我坦白罪行，然后裁定我有罪。然而实际情况是，我由于支持元老院过于热心而被判死刑，抄没财产，而我当时在五百里开外，根本没有办法为自己辩护。啊！除了我，遭受这种指控没有人会被

① 东哥特王国的西奥多里克国王。

裁定有罪，我真是活该啊！

“起诉我的人很清楚这次指控的真实性。为了混淆视听，他们在指控中涂抹丑闻恶事，他们毫无根据地说我玷污良心、犯下亵渎神灵的罪恶是为了窃取高位。但是，女神啊，您栖于我身，把我对可朽事物的所有欲望从灵魂深处剔除；在您的关注下，任何亵渎、罪恶的念头都会抽离，因为您每天都在往我的耳朵里灌输毕达哥拉斯的教导——‘追随神’①。您一直在塑造我的优秀品质，使我能被上帝喜爱，如果我向邪恶的精灵求助，那是不适宜的。况且，我的府第没有藏污纳垢，我交友良善，我的岳父品性正直——他像您一样，是一位可尊敬的人——所有这些在保护我，使我免受涉嫌这一罪行的任何怀疑。但是，他们如此邪恶和不敬，正是在您身上他们找到了这次重大指控的证据；而我正好看起来就像这一罪行的紧密同谋，因为我在您的知识中浸濡，按您的方式被培养。对您的崇敬没有给我带来益处，再有甚者，由于我被诬陷入狱，您遭受了太多的毁谤。如今还有雪上加霜的事，我知道公众舆论看不到诉讼中的真正是非，只会认为这是命运的安排，而且

① 严格地说这不是毕达哥拉斯学派的观点，而是一句古代箴言，就像“认识你自己”，为许多学派引用。

断定这种事情早已安排妥当，就像得到好运的赞许。结果，不幸者首先遭遇的就是在大众面前名誉扫地。我不愿去想人们对我的案件会有什么样的流言蜚语，或有多少不同的揣测。我只想说，只要有人倒霉受到起诉，世人就会认为他受到任何惩罚都是罪有应得，这就是厄运强加给人的最后的重负。现在，我由于出色地为公众服务而受到惩罚，我的财产被没收，勋位被褫夺，我还成了不怀好意者街谈巷议的可怜虫。我仿佛看到，奸邪之人正在他们的罪恶巢穴中寻欢作乐，品德败坏者正在策划新的冤假错案，而好人却因恐惧而颤抖，我的遭遇把他们吓破了胆。卑劣者和邪恶者倍受鼓舞，免于刑责使他们更加大胆张狂，他们得到的奖赏使他们敢于策划更大的罪恶；无辜者和善良者则不仅失去安全的保障，甚至丧失为自己辩护的机会。所以，此刻我不禁要放声疾呼。”

五

噢！环宇星辰的创造者，
您坐于永恒的王座，
飞旋九天的推动者，
您的律法约束了天上星座——

一时，弯弯明月渐渐满，
反射她兄长太阳之火焰，
悉数藏了星辉黯淡，
另一时，近了日神[①]之围栏，
光华无剩，月瘦至暗；
又或，夜幕降临，
维纳斯[②]，化作黄昏之星，冷艳登场，
日出时，却变启明之星，苍白失色，
交替扮演她久已习惯的角色；
当落叶纷飞，您挟带寒冬冰冷，
紧缩白昼，短暂光明，
当炎夏酷暑，您好似烈火燃烧，
加速夜晚，易逝时光，
您的神力安排了时令变幻，
北风狂扫叶落去，
西风温柔吹还来，
大角星[③]看着睡眠的种子，

① 原文为 Phoebus，希腊神话中的太阳神，即阿波罗，常用于诗歌中。
② 维纳斯（Venus）是罗马神话中的美神和爱神，天文学上指金星。
③ 大角星（Arcturus）是牧夫星座中最明亮的星。

天狼星[①]下烤干的成熟庄稼。
没有什么能够逃脱您古老的法令，
或者违背应该履行的固有天职，
您因着一个确定的目的统领和控制万物，
除了人的行动，
您不会给予限定，虽然您有权并完全能够这么做。
为何命运无常，如此变幻不定？
无辜者忍受痛苦，
那本应是对罪恶的恰当惩罚；
而邪恶之道，总谋得国王宝座，
奸邪之人，所得报应不公，
他们脚下，践踏好人脖颈。
美德透彻光彩，顿成朦胧不明，
惨遭黑暗藏匿，而正义之人，蒙受
不义中伤。
他们的伪证不能伤害自身分毫，更别说他们的谎言，
矫饰虚假色彩；
只要他们乐意动用权力，

① 天狼星（Sirius），大犬星座中的一颗星，是天空中最明亮的星。名字源于希腊语“Seirios”（燃烧），因此此处说天狼星在炙烤庄稼。

他们就心随所愿地征服贤君明主，
那些令万民害怕的君主。
不管您是谁，用律法支配世界万物的阁下，
看看这个悲惨的人世吧！
人类是伟大的造物，远非最卑下的一员，
我们却在命运海洋的惊涛骇浪里饱受蹂躏。
主啊，扼住海面汹涌浪涛吧，用那不变的律法，
让人间变得稳定有序，
正是用那律法，您统领九天浩瀚。

我用怒吼表达了上述心中无法消减的哀痛，这时候她开口了，措辞冷静，丝毫不受我的抱怨影响：“看到你由于悲伤而哭泣，我马上就知道你不幸地遭到流放；不过，要是没有亲口告诉我，那么我不会知道这次流放有多么遥远。从你的家乡到这里，你经过的距离有多么遥远！我说的是‘经过’，而不是‘被驱逐’；也许你更愿意认为自己‘被驱逐’，那么我就说，你把自己驱逐得多么遥远！你的情况是其他任何人不可能经历的。你一定要记住你出生的国家是什么样子；它不像古时候雅典人的国家，由众人统治，而是

只有唯一的统治者，唯一的国王①。

国王以结交臣民为乐，而非以驱逐为乐；接受国王的指引并且服从他的正义，才是真正的自由。你真的知道你所在的这座城市的这条古老而又基本的法律吗？它规定：一旦选择定居此处，任何人无权放逐。任何人一旦在自己的城堡围墙内定居，就绝不需要害怕被流放：但凡有人不愿意继续生活在那里，他也就不再享有这个权利。所以，让我更受触动的，不是这个地方，而是你现在的神情。我曾经去过的不是一个围墙上装饰着象牙和玻璃的图书馆，而是你思想的储藏室，我在那里面摆放的不是书籍，而是使书籍拥有价值的东西——许多个时代以来记入我的书籍的各种思想。你所说的为公众利益服务确实是真的，尽管你做了许多好事，但你只提到其中的几件。你刚才讲到你的诚实和正直，准确地说，众所周知对你的指控是一种诬告。你认为只需略微提及诬告者的罪行和诡计，这样做当然是对的，因为这些事情都是民众街谈巷议的陈词滥调，他们讲起来更加生动，情节丰富。你对元老院的不义行为作了

① 参阅荷马：《伊利亚特》第 2 卷，第 204—205 行。

更加严厉的指责。你还为我受到的牵连叹息，为我的名誉受损而哭泣。末了，你把悲伤的怒火对准自己坎坷的命运，抱怨你得到的赏罚与你的功过不符，你用诗句倾泻自己的情感，最后又祈求天上的和平也能统治人间。

“不过，各种情感的骚乱正在折磨你，悲伤、愤怒、悔恨朝着不同的方向拉扯你，这就是你的现状，你还没有做好接受猛药治疗的准备，所以让我们使用温和一点的药物，以便通过我们轻柔的抚慰，让在情感和忧虑的影响下肿胀得十分厉害的地方能够减轻症状，最终变得适宜接受更加直接、更加猛烈的治疗。”

六

庞大的巨蟹星熊熊燃烧，①
烈日阳光下，
凡人播撒他的种子，
埋入犁沟，但他一无所获，
被谷神愚弄，必得跑去寻找
橡树下的果实。

---

① 即夏天来临时。

在猛烈的北风下，
绿草挥动它飒飒长矛，
你绝不会在渐渐红透的森林里遍寻
采摘紫罗兰。①
为了得到熟透的葡萄
你也绝不会在春天贪婪地剪去葡萄枝：
酒神赠与凡人礼物，
宁可在深秋时节。
上帝创造了四季，
各自都有适当的职责；
他决不允许自己制定的秩序
被打乱。
所以，无论谁抛弃秩序，
鲁莽冒险，
都不会有好的结局。

“能否先让我问几个简单问题，考察一下你的思想状况，以便弄清你现在适合接受什么类型的治疗？”

① 即秋天来临时。紫罗兰是春天的花朵。

我答道：“请您随意问吧，只要您觉得必要，我就愿意回答。”

她问道：“你认为这个世界的运行是随机的和偶然的吗？或者说，你相信对它的管理是理性的？”

我答道：“嗯，我完全无法想象运行如此规律的万物居然会是随机的和偶然的；我知道上帝造物主在密切注视和引导着他的创造物。绝对不会有那么一天，有人能把这个确定的真理从我这里夺走。”

她说：“很好，这正是不久前你在你的诗句里谈到的，当时你抱怨说，唯有人被遗漏，处在上帝时刻关注的范围之外，因为你非常肯定地说，其他一切都处在理性的统治之下。但是，你持有一个如此健康的见解，我真的惊讶你为什么还会得病！但是让我们作更加深入的考察，我想我们错过了某些东西。既然你一点都不怀疑这个世界是上帝在掌管，那么请你告诉我，你是否明白支配这个世界的是一种什么样的统治方式？”

我说：“我几乎无法理解你的意思，更不要说回答问题了。”

“我没有弄错。当我说我们遗漏了什么的时候，就像坚固的墙壁上出现一道裂缝，正是通过它，引起你各种烦恼的疾病才得以偷偷潜入你的思想，我说的对吗？不过你要先告诉我，你记得万事万物的终极目的是什么吗？整个宇宙又是朝着什么目标运动？”

我说：“我曾经听说过，但是痛苦和悲伤削弱了我的记忆力。”

“但你至少还记得万事万物从何而来吧？”

“是的。”然后我说它们都来自上帝。

“既然知道它们的来源，你怎能不记得它们的归宿呢？这些烦恼的本质和力量就在于它们能够使人偏离原先的位置，但它们不能把人撕碎，把他根除。我现在想要你回答这样一个问题：你知道自己是人吗？”

“我怎么不是人？”

“请你告诉我，人是什么？”

“您在问我是否知道我是一只必死的、理性的动物？我当然知道。我同时承认自己是这样的。”

“你不知道除此之外自己还是什么？”

“除此之外，我什么也不是。”

她说：“现在我明白了，你忘记了自己是什么，这可能是你最主要的病因。我算是真正明白了你为什么得病，还有，应该如何医治你。因为你一直神志恍惚，遗忘了真正的自我，你认为自己是一名流放者、被剥夺了一切，因此感到悲伤；你确实不知道万事万物的目的和归宿，当然也就会认为罪恶和奸邪之徒是幸运的和强大的；你也确实不知道世界受何种类型的统治方式支配，当然也就会认为无人能够操控命运的起伏。所有这些想法，不仅能够诱发疾病，而且能够置人于死地。但我要感谢健康的施与者，因为你尚未完全迷失真实的本性。我们还有最好的火花，可以用来重新激发你的健康，那就是你对这个世界的统治方式的真实看法，你相信掌管它的不是随意的、偶然的事件，而是神圣的理性。你千万不要害怕，凭借现有的这点火花，你生命的热情将再度燃烧。但是现在还不到用猛药的时候。人的思想总是这样子，丢失了真实的看法，他们就会捡起虚假的意见来顶替，随后会从这些虚假的观念中升起一层迷雾，遮掩真实的景象。所以我还需要一些时间，用温和的药物来驱散这层迷雾。等那些虚假观念造成的黑暗被驱除以后，你就能重新认识真理的光辉。”

七

星辰一朝乌云遮，
光辉闪耀不再现。

但有南方风暴起，
搅起翻腾碎浪一片，
曾是玻璃般清澈，宁静犹如晴朗日，
而今海底泥沙涌，浊浪滔天，
模糊了视线。
溪水蜿蜒下群山
岩崖高耸落巨石
一旦塌方成堤坝，
拦住溪水不再流。
同理，若是你愿意，
清楚无碍见真理，
行走正途直向前：
抛弃享乐，
驱逐恐惧，
放飞希望，
而非当下忧愁；
正因心中受它们掌控，
心灵云雾缭绕，扼制受困。

第二卷

二

接下来，她静默了片刻，而我的心神已为她的恬淡端庄所吸引。她再次启口，讲了下面一席话："看来，我已全然探明你所患疾病的性质，及其各种原因；你被欲望冲昏了头脑，为曾经有过的好运念想成狂。你设想这只是你的命运的一次起落，这个想法使你的精神一蹶不振。我很清楚命运这只怪物诡计多端，特别是她会用娇媚、友善的姿态诱骗凡人。而在受骗者最意想不到的时候，她会飘然而去，并用难以忍受的苦难将受骗者击倒。只要稍微想到的面目、举止，以及她的真正价值，你就会意识到自己从来没有任何有价值的东西掌握在她手中，或者是从她那里失去任何东西。我想，我不需要花费太多力气来让你回忆此事。毕竟，在她嬉皮笑脸纠缠你的时候，你常用坚定的言辞抨击她，还使用我们的哲学圣殿里的论证来乘胜追击。但是，遭此意外和骤变，人总会在思想上产生某种混乱。所以即使是你，也难免会暂时失去原有的宁静。好了，是时候让你服下一些温和的、令人舒适的药物了。吃下去，再经过消化，将有助于你今后适应更加烈性的药物。接下去我们将使用甜美的修辞来对你进行说服，这种方法必须沿着正确的道路前进，绝不能让它偏离我们的原则；它还必须时而明快，时而低沉，才能与我们植根于内心深处的音乐和谐一致。

“凡人啊，告诉我，到底是什么让你精神如此沮丧，乃至于号啕大哭？我想你一定受到巨大的惊吓。你猜想命运对你的态度已然转变，这你就错了。这是她向来的习惯，是她的本性使然。实际上，她在你身上所做的事情，只不过是她自身的反复无常保持了不变。当她微笑，或是用虚假的快乐诱惑和哄骗你时，她都一样没变。你已经发现的只不过是那股盲目力量反复出现的面孔：她对别人隐藏自己，但在你面前完全显露。如果你喜欢她，那么就追随她，不要有什么怨言。如果你憎恨她的背信弃义，那么蔑视她，拒绝她，因为正是玩弄这种游戏，她把人逼上毁灭的绝路。

你以为她是使你产生巨大悲痛的原因。同样的命运本应让你的心神归于安宁，然而她没有这样做。只因她已经将你抛弃；没有人能够再相信她的忠贞。哪怕命中注定要失去，你还会把那种快乐当作无价之宝吗？就算不能相信她会留在你身边，就算她在离去时会给你带来悲痛，但是当你们在一起时，你就如此珍爱命运吗？你渴望她显身，在她出现时你却不能牢牢地抓住她，而无论她从谁身边溜走，谁就要落得个悲惨的下场，那么除了确实是一个可悲的信号，这位飞快逝去的女神还会是什么？人永远不能预见将会出现在他眼前的是什么。因此，谨慎者必须预测事物未来的发展状况，未来的变化无常与模糊，以此抵御由命运的威胁所引发的恐惧和她的花言巧语唤醒地对她的渴望。最后，一旦你把脖子伸进她的轭圈①，你就只能在命运的地盘上默默地忍受在你身上发生的任何事情。她是你自由选定的女主人，要是你想为她定下规矩，决定她逗留多久、何时离去，这岂不是弄颠倒了？就是由于沉不住气，你使自己无

① 拉丁文 jugum 指套在牛或马脖子上用以驾驭的轭，转义为奴隶的束具。而在罗马，奴隶就是指由主人决定命运而不能自己决定命运的人，所以有下文的解释。

法改变的命运变得更糟糕，不是吗？正如你扬帆启航，只能随风而行，而不能随心而行；又如你在地上撒种，就必须预测丰年，防备荒年。你已经把自己完全托付给命运统治，所以你必须使自己顺应你的女主人的行事方式。你真的想要阻止命运转动的车轮吗？那么，你是这个世界上最愚蠢的傻子——因为，要是能停止，它就不是命运之轮了[①]。”

她用专横之手，转动无常之轮，
辗转来回，好似潮汐涨落，[②]
无情践踏昔日令人战栗的国王，
同时提升臣民中低贱的俘虏，
都只为将背运之人愚弄，
她漫不经心，既不聆听，也不关心，
那些悲惨的人发出的哭喊：
她对着那些痛苦的呻吟发出嘲笑，
而那正是由她的残忍所致。

---

① “命运之轮”，成为本书在中世纪的一个重要象征，流传甚广。

② 原文为 Euripus，意为分割优比亚岛和波埃提亚地区的狭窄海峡，或指任何潮汐涨落凶险多变的海峡。

在同一时刻，
既见证一个人的成功，
又见证另一个人的失败，
她趾高气扬地对自己的奴隶展示这个奇迹，
她玩弄这样的游戏，如此证明她自己的权力。

二

但是，我还想以命运自己的口吻来和你讲话，让你好好想想她的话是否有理。她说："你这个凡人，为什么每天都要抱怨我？我到底给你造成了什么伤害？我到底从你身上夺走了什么好处？你我来辩论一番拥有财富和地位的题，无论谁来当裁判都可以。只要你能证明这些东西中的任何一件是可朽的凡人的合法财产，那么我将立即欣然承认，你所希望要回去的那些东西确实是属于你的。自然把你从母腹中带到这个世上，你一丝不挂，从各方面来看你都是贫穷匮乏；我眷顾你，随时给你仁慈的帮助，我甚至用财富来娇纵你，对你的溺爱过了头——这恰恰就是你现在这么恨我的原因了。我尽我所能，给你安排优裕的生活，给你各种显赫的名声。而今只不过是随我高兴，我缩回双手，撤回了给你的恩宠。你应该感谢我，而不应抱怨失去了自己的什么东西，因为你曾经享用的东西本来就不属于你自己。既然如此，你为什么还要悲伤痛哭呢？我在你身上从未使用过暴力。财富、荣誉以及其他类似的东西，都听从我的支配，她们都是我的婢女，只认识她们的主人，随我而来，随我而去。我可以非常肯定说，如果你抱怨失去的这些东西真是你的，你就永远不会失去。

“难道只有我不允许行使权力吗？天空可以呈现清澈的蓝色，尔后又被隐藏在漆黑的夜色中；岁月可以为大地的脸庞编织一顶鲜花水果组成的王冠，尔后又用雨水和霜冻涂抹和模糊她的倩容；大海有权力平静安详地微笑，尔后又剧烈震颤，并掀起狂风巨浪。而我呢，我就应该被人类不知足的欲望所束缚，不得不维持外在于我的本性的那种恒常不变吗？这才是我的本性，这才是我持续不断的游戏：我要飞快地旋转我的车轮，我乐意把高处的东西带到低处，把下面的东西带到上面。如果你愿意就往上爬，但有一个条件，即无论何时我的游戏结束，你都不得再次落泪，你不要以为这不合规则。你确实完全不知我的诸多旧习！你还记得克娄苏那个吕底亚人的国王的故事吗？在居鲁士遭受同样的事情之前不久，他马上就要被投入火中烧死，却被天上降下的一场大雨给救了？① 你是否忘了艾米留斯·鲍鲁斯，他可是个好人，俘虏了珀耳塞斯国王之后，他怎样为珀耳塞斯的命运挥洒热泪？② 诸多欢乐的国家被命运不分皂白地颠覆，对于这种悲剧除了恸哭和哀悼，还会是什么？朱庇特门前摆放着‘两个罐子，一个装着厄运，另一个装着福祉’，你年轻的时候没有听过这个故事吗？③ 你可以设想你现在拥有的福分多于你应得的，设想我已经完全抛弃你，设想我格外易变的本性是一个公正的来源，你可以期待得到更好的东西。即便如此，你还是不能忧伤憔悴，因为你所在的王国包含世上所有的人，所以你也不要奢望在一套特别为你设立的法律之下生活。”

即使富裕女神从丰饶之角倾倒出大量的财富
多得如同沙子一般
能够填满风起浪涌的大海，
或者像那数不胜数的繁星

① 参阅希罗多德：《历史》第 1 卷，第 86 节。克娄苏（Croesus）是吕底亚王国的末代国王（公元前 560—前 546 年在位）。希罗多德记载了他和索伦谈论幸福和王国的兴衰。

② 参阅李维：《罗马史》第 45 卷，第 7 节。

③ 参阅荷马：《伊利亚特》第 24 卷，第 527 行。

在晴朗的夜空闪耀，
她的手永不停歇，
即便如此，人类不会停止
抱怨他们悲惨的命运。
即使上帝用慷慨赠与的金子，
答复人们的祈求，
又把成堆的光辉名衔赐给那些想要的人，
这些所得在他们看来还是什么都没有；
他们粗暴的、吞噬一切的贪婪
还会不停地打开新的胃口。
什么围栏能够圈住无法控制的欲望？
他们的财富已经满溢
他们内心获取的渴望还在燃烧。
他永不餍足，只要还能动弹
他就会认为自己一无所有。

三

“如果命运女神现在用这样的话来为自己辩护，你将不知如何回答，是吗？如果你有什么话要说，证明自己的抱怨是公正的，那么必须说出来，现在是你说话的时候了。”

我说："这些论证有一种华而不实的甜美，加上修辞和音乐，它们就变成甜言蜜语。可怜人听到了这些甜言蜜语会使他高兴，但他的委屈感会埋藏得更深，所以它们一旦停止在他耳边响起，他会又一次被埋藏在内心深处的悲痛所压迫。"

她答道："确实如此，我并不打算用它们来根治你的疾病，而是仅仅用作一贴在你的伤口上的外敷药，因为你的伤口顽固地拒绝治疗。恰当的时机到来时，我会采用更加有效的药品。然而你想获得别人的同情是没有道理的。你是否已经忘了你被赐福的次数和范围？我本不应提起下列事实：当你失去亲生父亲的时候，那些处于高位的人照顾你，你被选进这个国家高贵的家族，甚至在你依靠联姻得以建立真正的家族关系之前，你就受他们的珍视。入赘如此显赫的家族，与如此贞洁的妻子结为连理，又有蒙神赐福的孩子跟随，谁不称你是世上最幸福的人？我不想提那些与老人无缘——常识性的东西在这里最好省略——而你在年轻时就已获得的诸多头衔。我想说的是只有你才能达到的成功的顶峰。在那个时候，当你看到在你家里诞生的两个儿子一起成为执政官，在元老院议员的簇拥下，在欣喜的平民的围观下，你发表赞扬国王的颂词，而他们俩就坐在元老院显要的席位上；你的出色演讲为你赢得热烈的掌声；在这次集会上，你站在两位执政官中间，享受着凯旋时人们发出的慷慨喝彩，公众们抱着希望和期待紧紧围绕在你身旁；如果可朽凡人的事务曾经有过真正的幸福的话，那么它就是你体验过的这些事情；任何厄运的堆积，无论多么巨大，能够抹去这个光荣的记忆吗？当她拥抱、抚爱你，把你当作她的宠儿的时候，我猜想你正在为命运女神创作漂亮的词句吧！你收到的是一件她先前从未给过任何公民的礼物。你是否还想和她算账？现在是她第一次不情愿看见你。如果你衡量一下发生在你身上的喜悦和悲哀这两种事情的数量和种类，你就不会否认迄今为止你都是幸运的。如果你认为自己现在是不幸的，因为对你来说以往令你喜悦的事情都已经过去，那么你也没有任何真正的理由以为自己是悲惨的，因为你现在觉得痛苦的事情也会过去。你现在才作为一名新人、一名陌生人，第一次踏进人生的舞台吗？当人类自身在飞逝的时光中快速离场的时候，你还认为人类的各种事务中有某种恒常性吗？即使有人依靠残留在他身边的命运女神赐予的礼物而活，虽然这种情况极为罕见，他生命中的最后一天仍旧是死亡，命运女神还是什么都不能给他留下。那么，或是由于死亡而把她抛在身后，或是她离弃你而去，你认为这两件事情会有什么区别吗?”

太阳神坐着他玫瑰色的马车
开始穿越天空投射光芒,
他的光芒压倒一切
让苍白的星辰黯淡，失去光辉。
西风气息温柔，带来温暖,
春天花丛，因玫瑰羞赧而粉红;
若是暴雨南风，肆虐狂乱,
千枝万蕾，顿失群艳芬芳。
有时海面波光粼粼，平静安详,
不乱不惊;
有时北风鞭挞，掀起狂怒风暴,
翻浪倒海。
世上的美驻留霎时，而变化永久。
那么，继续吧，相信转瞬即逝的财富,
还有一闪而过的人类的享乐!
坚定不移、永恒不朽的律法宣告:
万物皆流，无物长存。

四

我答道："女主人，您培养了一切美德，您所说的都是事实；我不否认我确实曾经享有巨大的兴旺发达，万事顺遂，无论它们是多么短暂。但是我的大部分遭遇确实是对我的折磨，因为在命运女神的所有灾祸中，给人带来最大厄运，就是让人知道什么是幸福，我这样说是有理有据的。"

她说："你实际上是在为自己的错误念头受惩罚，所以你不能怪罪其他事情。如果你真的把命运所赐予的幸福这个空名看得太重，你就要跟我一起考虑自己仍旧拥有多少伟大的善。如果在你拥有的财富清单里最宝贵的一件东西由于上帝的意志而完好无损，那么你这个拥有最好的东西的人还能公正地抱怨你的不幸吗？首先，你的岳父，绪玛库斯，为人类增添光彩的最可贵的人，一个完全由智慧和美德组成的人，他还平安地活着；美德就是这样一种状态，你无疑想要努力地进入，哪怕以生命为代价；他不关心自己的困境，他的哀伤竟超过你。其次，你的妻子还活着，用一句话总结她的品德，她是一个极为谦和得体的优秀的女人，一个很像她父亲的女人；我要说她还活着，为了你而继续活着，尽管她憎恶这种生活；当然我必须承认，长此下去你的幸福是在衰退，因为她痛苦地沉浸在思念你的泪水中日渐憔悴。我还要提到你那两个担任执政官的儿子吗？他们俩从儿童时代起就显露出与他们的父亲或祖父一样的本性。既然如此，如果你意识到你蒙受了诸多神恩，至今仍然保有这些无人会怀疑比生命还要宝贵的东西，你还不快乐吗？所以，现在请擦干你的泪水。命运并没有憎恨你家里的每一个人，也没有用过于猛烈的风暴把你整个儿打垮，那些船锚仍然在紧紧地抓牢海底，确保你既不缺乏现在的安慰，也不缺乏未来的希望。”

我说：“我祈求它们能够继续牢固，无论发生什么，只要船锚还在那里，我就不会淹没。但是，你可以看到我先前拥有的声望和荣誉都已经消失了。”

她说：“好吧，如果你不再为你现在整个处境忧伤，那么我们已经前进了一小步。但我不能容忍你继续沉溺在忧愁之中，愤怒地抱怨你的幸福美中不足。谁能获得完美无缺的幸福，乃至于在自己的处境中找不到任何可以挑剔的地方？就人类的一般情况而言，好运永远摆脱不了烦恼；人永远不能整个儿地占有好运，好运也不会持续到永远。有人拥有大笔财富，却羞于自己出身低贱；有人出身高贵，却为贫穷所困，宁愿默默无闻。有人既出身高贵，又拥有大笔财富，却因孑然一身而为自己叹息；有人婚姻美满，却膝下无子，积攒下来的财富留给别人的孩子继承；有人子女满堂，却为子女的不肖而伤心流泪。所以，几乎没有任何人可以轻易地为自己享有的好运而感到快乐；在任何情况下，总有一些方面是未曾体验过的人所不知道的，而身处其中的人却为之恐慌。你也应该想到，最快乐的人同时也是最脆弱敏感的人，除非万事如愿，否则他对任何逆境都无法适应，最小的困扰都能让他忧虑。甚至最微不足道的事情也能把最幸运的人从他们幸福的顶峰打倒。想一想吧，有多少人只要拥有你残存的运气中的一小块，他都会以为自己接近天堂！这片土地被你称为放逐之地，却是本地居民的家园。所以，没有什么是不幸的，除非你自己这么想；反过来，谁能抱着满足之心忍耐一切，就会发现每一种处境都可以是快乐的。幸福之人一旦顺从于不满足之心，他不也会试图改变自己的处境吗？幸福的甜蜜要经受多少烦恼的苦涩的糟践啊！即使一个人享受着幸福，幸福使他愉快，然而幸福将会离去，他对阻止幸福离开还是无能为力。所以，我们可以非常清楚地看到，凡人的幸福多么可怜，因为它既不会停留在心满意足的人身上，也不会给那些心怀不满的人带来满足。

“其实，只有在你们自己的内心才能找到真正的幸福，你们这些凡人为什么还要向外求索呢？谬见和无知使你们混乱。让我给你简要地展示最大幸福的真实所在。对你来说，还有什么东西比你本身还要珍贵？你会回答说：‘没有。’因此，如果你拥有自己，你就拥有了你永远不想失去的东西，而且命运也不能从你那里将它带走。既然明白幸福不能留存在命运掌控的、偶然的事物中，那就从另一个方面去探索幸福吧。如果幸福是有理性的动物的最高的善，能以任何方式被夺走的就不是最高的善——因为相比而言，不能被夺走的东西显然要高于可被夺走的东西——那么我们肯定不能依靠无常的命运获取幸福。还有，如果有谁仰赖这种虚假的幸福，那么对于它的变幻无常，他要么不知道，要么知道。如果他不知道，那么在这种盲目无知中，他的处境真是幸福的吗？如果他知道，那么他必定会为有可能失去的幸福患得患失，而他持续不断的忧虑将阻止他保持幸福。或者说，他会认为即使真的失去幸福，那也没有什么大不了的，是吗？如果是这样，那么这个幸福一定是一个无关紧要的好处，即使失去，也能泰然处之。人类的心灵绝对不是可朽的，而命运操控下的身体的幸福显然会随着死亡而终结；就我所知，你既然对这些论据仍旧深信不疑，那么你对下面的推论就不能表示怀疑：肉体的享乐能够带来幸福，但是每一可朽事物在最后关头必然会因为死亡的来临而陷入悲惨的境地。但若我们知道有许多人不仅通过死亡，而且通过痛苦和折磨来寻求幸福，那么当生命的逝去也不能使他们陷入悲惨痛苦境地的时候，现世的生活又怎能让他们幸福？”

谨慎之人
打算建造一座房屋，能够保持
稳固，既不被东南狂风，夹带着怒吼咆哮
吹翻倒塌，
也不被大海用险恶浪涛
击碎，
他会避开高山之巅，
还有干旱的大漠流沙；
前者会被强暴的南风
用尽各种力量击倒；
后者流动，
不能承受重负。

逃离危险之地吧，
美景可能隐藏风险。
要小心，有把握：
把你的房屋建造
在低处的岩石地基上。
如此，即使风雨雷电
大海掀起轩然大波，
你安全地居住在自己稳固的家中，
深感满足，
你将宁静地度过一生，
微笑着面对所有天候的愤怒。

五

“你现在已经被我的这些论述敷热了，我想是对你使用比较猛烈的药物的时候了。来吧，假定命运的诸多馈赠既非转瞬即逝，亦非昙花一现，那么它们中间究竟有哪些东西能够真正成为你的，哪些东西经过适当的检验，看起来似乎是有价值的？依其本性，财富是否有价值，或者能够真正属于你？如果是的话，那么是什么样的财富，是黄金还是硬币背面的文字？使用财富比获得更加为人推崇，因为贪婪令人厌恶，而慷慨使人出名。然而，把某物送给别人，他就不能继续保有某物；如果是这样的话，那么金钱只有在转给别人、在慷慨赠送而不再被原来的主人拥有时才显得珍贵。如果世上所有的金钱都积攒在一个人手里，那么世上所有其他人在生活中都会缺乏金钱。声音可以同时满足许多听者的耳朵，但是财富不行，除非先把财富分割成许多部分，否则就不能把财富转给许多人。在这样做的时候，那个财富被分割的人必然变得比原来贫穷。啊，财富，你是多么的贫穷和小气啊！你既不能整个儿地为许多人同时拥有，也不能转给其他人而不剥夺原先拥有你的人！

“璀璨的珠宝是否吸引了你的双眼？即使它们的光芒如何让人惊叹，它也是珠宝的光芒，而不是人类的光芒，我对人类如此崇拜它们感到惊讶。它们都有些什么？它们缺少活生生的灵魂的结构和运动，而只有拥有活着的、有理性的存在者才能被断定为美丽的。虽然通过创造者之手，而非由于它们本身的特性，珠宝才有了某些低级的美，然而它们远远比不上你作为人的卓越品质，它们在任何方面都不值得你崇拜。

“你是否喜欢田园风光之美？你怎能不喜欢呢？它是整

个瑰丽的天地造物的一部分。所以我们有时为大海平静的风光感到陶醉，我们也同样尊崇镶嵌着星辰、明月和艳阳的天空。这些东西有一样是属于你的吗？你敢炫耀它们中的任何一个的壮丽吗？是你在春天里用鲜花装饰自己吗？是你用自己的丰饶催熟了盛夏的果实吗？你为何被虚幻的乐事捕获，为何拥抱外在的好处就好像它们是你自己的？那些凭其自身本性就已经决定为他人所有的东西，命运永远不会将它们归你所有。地上的果实注定为生灵供给粮食。而你如果想要满足你的自然本性的基本需求，那就不必向命运索取财富。你的自然本性只需要很少一些东西就可以满足；如果你想在满足之后再添加额外的奢侈，那么你所添加的东西不是令人不快的，就肯定是有害的。

“现在你也许认为穿戴锦衣华服、被别人羡慕是一件好事吧？如果它们的外形愉悦了双眼，那么我要赞美的要么是布料本身，要么是裁缝的手艺。或者说，拥有一大帮奴仆会让你快乐？如果他们各自作奸犯科，那么他们就是使宅邸遭受毁灭的根源，对主人本身也是极大的危害。但若他们是忠诚的，那么别人的忠诚又怎能算作你自己的财产呢？所以，这些事情清楚地表明，被你当作私人财产的东西，没有一件是你自己的。如果它们内里没有你应该追寻的美，而你固执地追求它们，那么你为什么感到喜悦？当你失去它们的时候，你为什么要忧伤？如果它们因其自身的本性而美丽，这又与你何干？它们与你拥有的东西完全分离，它们凭其自身就会感到满足。它们的宝贵不是因为它们成为你的财富的一部分，而是因为你觉得它们宝贵，所以你宁可把它们算作你的财富。

“但是，你如此喧闹地向命运索要什么呢？我想，你想要的无非就是用‘充裕’来消除‘需要’。但是，你获得的东西恰恰相反。因为你还是需要许多帮手来保护你的各种宝贵的财产！拥有得越多，需要得越多，事情就是这样；与此相反，不是按照过度膨胀的虚荣心，而是按照自然本性的需要来调节满足的人需要的东西最少。在你身上，你没有属于自己个人的好东西，所以你要向外在其他事物身上索取你的各种好处吗？自然状态就这样被本末倒置，不是吗？乃至于人类，这种有生命、有理性的动物——因此，与神相类似的——只能依靠占有无生命的物品来使自己显得光辉灿烂吗？其他生灵都满足于它们自身拥有东西，而你们人类在心灵上类似神，却试图用比自己低劣的东西来装饰你们的自然本性，而只有自然本性才是真正卓越的，你们也不看这样做对你们的创造者来说是多么大的伤害啊！他要人类成为高于地上万物的存在，而你们人类贬低自己的价值，乃至于还不如那些最低等的东西。如果我们同意任何事物的善比它们的主人拥有更高的价值，那么当你断定最低下的东西是你的善物时，在你自己的评价里，你就把自己放在比它们还要低的位置上——既然如此，那就是活该了！因为人类的自然本性本来就是这样：唯有当他认识自己时，他才比其他事物更高级；如果他不再认识自己，他就比畜生还不如。因为不认识自己对其他动物来说是本性使然；而对人来说，这是一个缺陷。当你们以为能够通过添加其他东西的美丽来彻底提升自己时，你们已经离开了自己本真的状态，走得很远很远了！这种方法是行不通的；如果某样东西由于外部包装而看起来精美，那是包装受到称赞，而被它们覆盖和隐藏在下面的东西仍旧是肮脏的、丑恶的，一点也不少。现在我断言：会伤害拥有者的东西没有一样是好的。我说错了吗？你会回答，当然没有。然而，财富经常伤害它们的拥有者，因为每一个品德卑劣的人因其卑劣而更加贪图他人的财物，他们都以为自己才是唯一真正值得拥有世上所有黄金珠宝的人。所以，你这个人啊，正是因为担心遭到袭击和谋杀而发抖，如果你是一名身无分文的旅客行走在今生的道路上，那么你定会对沿途的强盗一笑置之。啊，可朽的凡人蒙受神恩所获得的财富是多么不可思议啊！你得到了它，却失去了安全保障。”

过去的年代曾经多么快乐，
人们依赖可靠的大地而富足，
尚未沉浸于虚幻的奢华
只是根据需要，用那悠闲地采集来的橡子，
使饥饿得到饱足。
他们还未学会混合
葡萄美酒和清纯蜂蜜；
也未学会用推罗产的绛色染料
漂染发光的丝绸织物。
幽幽绿草赠与他们健康睡眠，
涓涓河水纾解他们的干渴，
还有高高的松树给他们荫凉，
替他们遮挡阳光。
他们的帆船未曾划进深深的海洋，
到异国他乡贸易经商，
作为陌生人站在未识的海岸上。

那里没有野蛮的军号四面嘹亮，
没有众人的热血在苦涩的仇恨里挥洒，
染红了诸多狼藉的战场。
人们为何陷入狂怒憎恨
首先就会想要野蛮斗殴，
哪怕能够预见将要到来的残酷伤痛，
付出血的代价却没有任何回报？
我们现今的时代
还能返回那些古老而美好的道路吗！
比埃特纳火山的烈焰更猛烈，
现在燃烧着那获利的炙热渴望。
啊，是谁，
第一次挖出了那些危险而又珍贵的东西
——磊磊的黄金，它们曾经深埋地下，
还有颗颗宝石，藏得更远更深？

六

“那么，我该如何评价你珍视的官职和权力呢？你把它们捧上天，却不知道什么是真正的价值和真实的权力。当这些东西落入最卑劣的人手中，喷发烈焰的埃特纳火山或者洪水肆虐所造成的什么样的破坏能与之相比？我希望你还记得，你们罗马先人确实曾经想要废除执政官，这一事件标志着罗马早期自由的开端，事发原因在于那些执政官的专横傲慢——还是罗马人，也是因为同样的专横傲慢，在那之前就把国王的权力和名号从这个国家抹去。只要把这些官职和权力给与好人——这种情况非常少见！——那么在这些权力和官职里能看到的唯一可以接受的善必然就是拥有它们的好人本身的善？所以会有这样的结果：不是由于拥有官职而使拥有者的美德受尊重，而是由于拥有者的美德而使官职受到尊重。

“现在我要问你，你们那些家喻户晓、使人趋之若鹜的‘权力’到底是什么呢？作为被世俗利益束缚的动物，你们难道不思考下面这个问题吗：你认为自己能够以什么方式对谁下命令？如果你看到一只老鼠在它众多的同类中声称自己拥有超过其他老鼠的权力，你会笑成什么样子！现在，如果看着人的身体，你还能找到比人更加软弱的动物吗？被小飞虫咬一口，或者小飞虫爬进人的某个器官，就能把人杀死，这种事屡见不鲜。一个人对另一个人行使权力，除了针对他的身体，或者针对比他的身体更加低级的东西，也就是他的财产，还能怎样？你能对一个自由的心灵下命令吗，无论它寄居在什么东西里面？当坚强的理性使心灵变得完整和统一，你能扰乱它的本性的宁静吗？曾经有一个暴君以为能够对一名自由人严刑拷打，迫使他供出同谋，可是那名自由人[1]咬断自己的舌头，并将舌头吐到发怒的暴君脸上。所以，暴君以为残酷的严刑拷打是他展现残暴的方式，而那位哲学家则把酷刑变成了展现美德的工具。世上有什么事情是一个人能对他人施行，而自己却不会被其他人反施其道的？我们读到，布希里斯经常谋杀他的客人，而他自己也被他的客人赫尔克里斯杀死。勒古鲁斯曾经用锁链捆绑许多迦太基人，把他们关进监狱，而后来却发现自己的双手被他的俘虏捆绑。[2]人不能阻止其他人以其道还治其人之身，那么你认为人还有什么真正的权力吗？

“你也要想到，如果那些官职和权力本身拥有任何真正的、天生的、固有的善，那么它们就永远不会被奸邪之人所执掌；因为对立的两个事物相互结合是不正常的——自然厌恶对立的双方的结合。然则无疑，官职总是被奸邪之徒填

---

① 指德谟克利特学派哲学家阿那克萨卡斯（Anaxarchus，公元前 380—公元前 320）。

② 参阅西塞罗：《论义务》第 3 卷，第 26 章。

满，所以它们的本性显然不是善的，因为它们允许自身以这种方式与恶结合。同理，我们可以非常有把握地断定，命运女神给予的一切礼物必定也是如此，因为邪恶之人享尽了荣华富贵。我们现在也可以换一个角度看问题。一个人表现出勇敢的品质，在场的人都会称赞他有勇气，无人会迟疑不决；一个人生来敏捷，我们显然会说他速度很快；同理，艺术让人成为艺术家，医药让人成为医学家，雄辩让人成为演说家。每个人的本性会带来适合它的东西，并且不会混杂，而是自然而然地抗拒与之对立的东西。财富不能消除贪婪，因为贪婪永不满足；如果被邪恶的欲望掌握得太紧，权力也不能使人自控；最不正直的人被赋予高位，并不会使他们的价值与之相配，或者倒不如说，这样做会使他们在公众面前显露出自己毫无价值。为什么会这样？因为你们喜欢给事物选取与其真实不相符的名字，而由于事物本身产生的不良结果，很容易显露出该名字的荒谬可笑，因此这样的事物不配称作财富、实在的权力，或者真正的荣誉。最后，我们可以在总体上对人的命运这个问题下同样的结论：在命运那里，显然没有真正值得追求的东西，没有出自本性的善，因为命运并非总是和好人结合，也并非总是能把与它结合的人变好。”

我们牢记那人所引起的毁灭有多严重，
城市火光冲天，元老院议员遭受屠戮，
他的兄弟被蓄意杀害，他无情的手
浸湿了从他母亲身上涌出的鲜血；
而却能够凝视着母亲冰冷的尸体，
不流下一滴眼泪，
只是冷冷的评价她死亡的凄美。
然而，在他手中权杖的管辖之下
臣民遍及，从太阳升起的遥远东方
一直到太阳落下的西方大海，
有的臣民被天上大熊星寒光冷视，
有的臣民领受粗硬南风的炙烤，
正是那风烘焙了干热大漠。
如此的权力还不能够
转变这个扭曲的疯狂吗？
唉，尼禄令人发指的狂热状态
得有多少次刺刀加毒药来对付！①

① 尼禄（Nero），罗马皇帝，公元 54—68 年在位，以残暴著称。

七

她说完了，我回答说：“您是知道的，我几乎不受野心的支配去追求世俗的利益；但我想要有参与国家政务的机会，这样我拥有的为善服务的力量才不至于随着虚度的光阴消逝。”

她说：“然而这是唯一可以吸引卓越心灵的事情，那些心灵虽然是天生杰出，但还未受到引导而德性完美，乃至于最终达到完善的状态：这件事情就是渴望为国立功，从而获得名声和荣耀。遵循下面的思路，你将学到荣耀是虚空无实的东西，完全没有分量。从天文学的证据①中你已经知道，我们整个大地的这个圆圈比起整个广袤的宇宙来只是一个小点；也就是说，如果与苍穹的大小相比，那么我们可以断定我们的大地微不足道。正如你从托勒密②的论证中了解到的，在宇宙如此微小的一个部分，在它的上面也只有四分之一居住着为我们熟知的生物。你再想象一下，从这四分之一里减去所有为海洋和沼泽覆盖的地区，再减去所有干涸的沙

① 参阅马克洛庇：《评西庇阿之梦》第 2 卷，第 5—9 章。

② 克劳狄 · 托勒密（Claudius Ptolemaeus），古代著名天文学家，公元 2 世纪前半叶在亚历山大里亚工作。

漠地区，所剩下的实际上只有非常狭小的部分有人类居住。我们居住在这个被紧紧包围的小点上，而这个小点也还只是另一个点的一部分，你想要在这个小点上传播你的名声、荣耀你的名字吗？你被约束在如此狭小的范围内，还能有什么庄严、宏伟的荣耀可言？你还要想到，在如此狭小的可居住的范围内，有许多国家和民族，他们各自使用不同的语言，有着不同的风俗，乃至于整个生活方式都不一样：交通的困难、语言的差异、贸易的罕见，别说是个人的名声，就连城市的名声也几乎不能传播到他们的地方。最后，西塞罗本人曾在某个地方[①]说过，在他生活的时代，罗马国家的声誉也还未能越过高加索山脉，而那个时候的罗马正处于鼎盛期，让帕提亚人和其他东方民族都感到畏惧。这样，你是否明白了，你竭力想要增长并声达外邦的荣耀有多么狭隘吗？或者说，你想让单个罗马人的荣耀抵达罗马国家本身的声望都不能抵达的地方吗？况且，不同民族间的风俗习惯如此多样，乃至于一种风俗在一个民族那里受到赞扬，在另一个民族那里也许就该受到惩罚。因此，即使一个人可以为自己的名声在大众中传颂而感到欣喜，但是这种传颂对他扬名国外、声

① 参阅西塞罗：《论国家》第 6 卷，第 22 节。波埃修斯从马克洛庇对西塞罗的注释中引用此文。

达万邦全无助益。因此，每个人必须满足于自己的荣耀在本民族中家喻户晓，而他光辉不朽的名声也必然限定在一个国家的范围内。

“有多少人在自己生活的时代闻名于世，却因为缺少文字记载，到如今已被完全忘怀？即使有记载流传，却长期被置放在阴暗的角落里，这样的记载还有什么价值？可是，当你挂念自己未来的名声时，你还以为自己在为不朽的声名做准备。但是，如果你真的思及永恒的无限时空，那么你还有什么理由为自己声名的长存感到欢喜呢？片刻光阴堪与万年相比，因为二者都是一段特定长度的时间，都是一个确定的部分，都是非常细小的片段；不过，即使是一万年的长度或者再乘上若干倍，也丝毫不能与无限的时间相比。因为无限和无限可以比较，但是有限和无限永远形成不了什么比例。因此，名声无论持续多久，如果与无限的永恒相提并论，那么它显然不仅是微不足道，而且是虚空。然而，一旦得到公众易变的舆论和传言的宠爱，你就不懂得该如何正确行动了，你完全不顾自身有关美德的知识有多么光辉和卓越，你在寻求其他民众的喋喋不休作为奖赏。你注意听从前有个人是如何嘲笑这种傲慢自大的小人的。他曾经抨击和羞辱一个虚假地获得哲学家名衔的人，那个人不是为了践行真正的德性，而只是出于虚荣自负，就拿哲学家的名衔来增添自己的名声；他说，如果那个人能够平静而又耐心地忍受所有侮辱，他就承认他是真正的哲学家。于是那个人忍耐了一段时间的污辱，然后自嘲地说：'现在你该承认我是一名哲学家了吧？'而他刻薄地说：'假如你不问这句话，我早就承认你是哲学家了。'① 名声能够给最优秀的那一类人提供什么呢——我们现在谈论的是那些依靠自己的美德而获得荣耀的人——我问你，在死亡最终毁灭肉体之后，到底还有什么？如果人整个儿地消亡了——当然，我们的讨论实际上是不相信这一点的——荣耀就什么都不是，因为荣耀所属的那个人已经不存在了。如果有一个心灵从它世俗的牢笼里面逃了出来，我们先不管它用了何种方法，它完全知道了自己原有的本性，能够自由地寻求它在天上的家园，那么，它不会为了能够轻视所有世俗事务、沉浸于天上的喜悦、摆脱凡尘俗事而感到欣喜吗？"

急匆匆奔向荣耀的人，
不为别的，只想到它的至高无上，

① 此事出处不明。

让他对比一下苍穹的广袤，
与大地的狭小：
他就会为自己骄傲的名字而羞愧，
因为那甚至不能满足他短暂的野心。
为何人骄傲之时——其实是自负！——
总是渴望甩掉脖子上的轭圈，
也就是他们必死的命运？
即使名声可以传播海外，
让众多民族争相传颂，
即使伟大的家族获得众多显赫头衔而璀璨闪耀，
但是死亡无视这些荣耀的高傲，
它一视同仁，将卑微和骄傲一起拥抱，
无论高低，一律平等。
现在，好人法伯里修的骨头在哪里？
现在，布鲁图或苛刻的老加图变成了什么？①
他们留下了少得可怜的名声——只有他们的名字，

① 法伯里修（Fabricius）是罗马执政官，以清廉著称；布鲁图（Brutus）是罗马贵族派政治家，刺杀恺撒的主谋；老加图（Cato）是罗马政治家，主张消灭迦太基，以保守著称，曾将一名在大庭广众下亲吻自己妻子的人开除出元老院。

在几个老故事里流传！
即使我们读到和学到他们的赫赫大名，
我们是否就认识了死者？
同理，你们全都会被彻底忘掉，
名声不能使任何人认识你。
即使你觉得可以活得更加长久，
至少作为一个名字活在人们的嘴上，
当你的末日甚至将它带走，
那就算是
你的第二次死亡[①]。

八

“为了不让你认为我与命运无情敌对，我让你知道有这么一个时候，她对所有人类有功，而且没有欺骗他们；那时候她清楚地展现自己，毫无遮拦，并且公布她的诸多手段。你也许不懂我在说什么。我想告诉你一些不可思议的事情，以至于我很难用言语形容。我认为对人类来说，噩运要比好运好。当命运女神带着幸福的表情似乎在微笑的

① 肉体死亡算作第一次死亡，名声湮灭算作第二次死亡。

时候，她总是在骗人，而当她展现自己变化无常的一面时，她却总是诚实的。前一种命运在行骗，后一种命运在授课；前者束缚人的心灵，为人享用的诸多好处看起来是好的，实际上是骗人的，而后者解放心灵，让它们认识到世俗幸福的脆弱。所以你会看到，一种命运变化无常，总是四处奔跑，不可预测；另一种命运则稳定不变，精心准备——与恶本身的实施一道——并且睿智。最后，当命运面带笑容的时候，她在诱导人们误入歧途，游离于真善之外；而当她呈现出相反的一面，命运通常是把迷路的人拉回来，就像用钩子把人拖回真善。就是这个残忍和讨厌的命运帮你发现真正忠于你的朋友，在你的同伴中分出诚实的和不诚实的，在她离开你的时候把和她同类的那部分人带走，把与你同类的朋友留下陪伴你，你肯定不会把这件事情当作完全无关紧要的吧？在未曾遭遇变故的时候，在以为幸运的状态下，要获得这些知识，你需要付出多么昂贵的代价啊！其实，你抱怨得更多的是你失去了财富；但是，你已经找到了一切财富中最宝贵的财富——那就是真正的朋友。”

在恒常的和谐中，

世界通过它的变化而运转；
种子在互相竞争中，
遵从永恒的法则而保持平衡；
太阳神驾着金色的马车，
带来玫瑰色的拂晓，
而让他的妹妹月亮女神，
可以统治由长庚星[①]带来的夜晚；
贪婪的大海的波涛，
被限制在固定的疆界里，
大地也同样不能越界
伸展它的范围。
约束万物遵守秩序的，
统领大地、海洋和天空的，
是爱。
如果爱放松了缰绳，
本来相爱而和睦共处的万物
顷刻间陷入征战而相互攻伐，
奋力毁坏它们在相互信任中推动

① 长庚星（Hesperus）即“昏星”，傍晚时出现的金星。

才得以优美运转的世界。
爱也联合了万民,
以一条神圣的纽带,
系起圣洁的联姻作为纽结,
使贞洁的爱人们结合;
也是依靠它的律法,
所有忠诚的伙伴团结一致。
噢，幸福的人们,
如果爱统帅天上的群星,
愿它也统帅你们的内心!

第三卷

一

她唱完了，但她甜美的歌声仍旧在我的耳边萦绕，她的歌声穿透了我的心灵，使我的心灵一片宁静，使我渴望听到更多甜美的歌声。因此，过了一会儿，我说："噢，疲倦的心灵的最好的安慰者，你的论述的分量和歌曲的优美使我复活了！你的歌声如此美妙，使我不再认为自己遭受命运不公正的打击。所以我现在不仅不怕你曾经说过的更苦涩的良药，而且极其强烈地请求你让我服用，因为我已经迫不及待地要聆听更加深刻的教诲。"

她答道："我感觉到确实如此，你在听我说话时全神贯注，表现得非常安静和专心，而你现在的心灵状况正是我期待的，或者更加准确地说，这状况是我带给你的。现在还剩余的良药就像那些会刺伤舌头，而一旦吞下去却会变得甜美的东西。既然你说自己渴望聆听更多的教诲，那么我要说，如果你知道我将会把你带往何方，那么你听到的东西将会把你的热情点燃！”

我问道：“你会把我带往何方？”

她说：“一个真正幸福的地方，那也正是你的精神向往的地方；而你却看不到它真正的所在，因为你的视野被太多的幻象遮蔽。”

我赶紧说：“求求您，快告诉我真正的幸福到底是什么。”

她答道：“为了你的康复着想，我很乐意这么做。但我首先要试着用言语描述一个形象的轮廓，你最好先认识它；等你看清楚以后，就可以认出真正的幸福。”

无论谁想要耕种一片处女地，
首先必须清理地上的灌木丛，
要举起镰刀除去蕨草和荆棘，
然后谷物女神才会降临，
带来沉甸甸的谷粒。
若是先品尝苦涩，
则蜂蜜甜美更甚。

当南风停止雨声的吵闹，
则星辰愈加璀璨。
当晨星驱逐了黑夜，
白昼才驾着玫瑰色马车而至。
你也必须如此，你的双眼
现在只为虚假伪善而明亮，
你首先要卸下脖上轭圈，
然后真善方可抵达心灵。

二

接着，她的眼神朝下看了一会儿，似乎有所深思，她开口说："整个人类所关心的，也是大众忙忙碌碌、劳心费力追求的，虽然在不同的道路上前进，然而都想要达到一个相同的终极目的，这就是幸福。它是这样一种善：人一旦得到，心中就再也没有追求更高目标的余地。它也是诸善中最高的善，自身包含着善的万事万物，因为，如果它缺乏任何东西，它就不会是最高的善，在它之外就还会有让人欲求的东西。所以，幸福就是完美的状态，所有善物都汇聚于它。如我已经说过的那样，这就是全体人类通过各种途径努力要去获得的；因为对于真善的欲求出于本性，人的心灵是天生的，但心灵经常受到伪善的引导而误入歧途。如今，有人相信最高的善就是一无所缺，因此他们努力追求财富的满足；有些人又坚持认为只要最受他人尊敬就是善，因此他们为了荣誉而奋斗，并由于他们获得的声望而受到追随他们的市民的尊敬。也有人认为最高的善在于拥有最大的权力；这些人要么希望自己成为统治者，要么试着依附统治者。或者有人认为名声是一件非常好的东西，他们依靠战争或者和平时期的技艺，加紧步伐，扬名内外。然而，更多的人根据愉悦和欢喜的程度来衡量他们对善的享受，并且认为让自己尽情欢乐就是最幸福的事情。还有这么一些人，他们轮番混合这些不同的目标和动机，比如有人为了权力或者享受欢乐而追求财富，有人为了获得财富或增进名声而追求权力。因此，这些东西，以及其他相似的东西，都和人类的行动、追求的目的和意图紧密相连：所以，人们追求贵族身份和平民的支持，因为凭借它们，似乎就能争取到某种声望；人们追求妻子儿女，就是因为他们可以带来欢乐。但是，最神圣的善是友谊之善，这是一种不依据财富或者运气，而是依据美德来判断的善，而其他任何种类的善都是依据权力和喜好来选择的。与身体相连的各种善显然与上面提到的各种东西有关：身体的强壮和高矮显然会有影响，美貌、机灵和名声也会有影响，此外还有健康和欢乐。在所有这些东西里面，人们显然只是在渴望幸福；因为，无论一个人追求什么，他都认准了最高的善。而且我们已经把至善定义为真正的幸福；这就是人类为什么渴望进入这种状态，这种状态超过其他任何状态，每个人都断定这种状态就是幸福。

“所以，你现在已经拥有一幅人类幸福的轮廓图，宛如放置在你眼前：财富，荣誉，力量，荣耀，快乐。伊壁鸠鲁①只审视这些东西，并最后下定论说，对于他来说，快乐就是最高的善，因为其他所有东西似乎都是为了取悦心灵。但我要回过头来谈论人类的努力奋斗本身，因为，即使我们的回忆被蒙上阴影，人类的心灵仍会再次寻求它固有的善，但就像一名醉汉找不到回家的路。力求一无所缺的人啊，他们真的错了吗？不过，我们可以肯定的是，对于完美的幸福而言，没有任何东西能再有所裨益，作为一种充分拥有一切善物的状态，除了保持自身的自足，它不需要其他任何东西的帮助。认为凡是最好的也是最值得崇敬和尊重的人，他们真的错了吗？他们当然没错，因为那

---

① 伊壁鸠鲁（Epicurus）：希腊晚期哲学家（公元前 341—公元前 271），创立以他的名字命名的学派。

是几乎所有人费尽努力和辛劳而力求获得的，它们不可能是低级的、卑鄙的。力量怎么能够不算是善呢？否则我们为什么不认为力量的衰弱和不足反而要优于其他一切呢？名声要被估价为一文不值吗？然而我们无法不顾这个事实：最优越的显然也是最出名的。说幸福就是不焦虑，不抑郁，不遭受痛苦和烦恼，这么说有什么用吗？因为人类即使做再琐碎的事情，也要寻求他们乐于拥有和享受的东西。因此，上述事物肯定是人类想要获得的，他们想要得到财富、高位、权力、荣耀和快乐，他们相信通过这些东西能够获得满足、尊敬、力量、名声和愉悦。所以，善就是人类在多种不同的努力奋斗中所追求的东西；毫无疑问，我们可以从中看到自然本性的力量有多么巨大，因为即使众说纷纭，人们还是共同一致地热爱同一个终极目标，那就是善。”

如今，我心意已决，
要以清亮歌声，和着我那柔顺琴弦，
来展示自然如何以她的力量，
牢牢统驭万物；在她的先见里，
遵循什么法则，维持着浩瀚宇宙，

将一切事物，都用永恒的锁链紧紧捆绑。
诚如迦太基的狮子，戴着精心打造的锁链，
能够咬断一个人的手臂，
却畏惧它们严厉的主人——因为常受鞭打，
然而一旦鲜血刺激它们怒张的大口，
它们的鬃毛直竖，长久休眠的灵魂即刻复活，
伴随着咆哮，它们又成为自己，
它们晃动脖子，从挣断的绳索下解放自己，
它们要解除心头怒火，它们要用血污利牙撕碎的，
首先就是它们的驯兽师。
喜欢栖息树梢、快乐鸣唱的鸟雀
被关进牢狱般的笼子。
人们把它当作一件玩物来照顾，
仁慈地喂它蜜汁，
还有充足的食物；
它在狭小的笼子里上蹿下跳，
如果看到喜爱的树下凉荫
它必会将食料踢翻在地，
因为它想要的全部就是住在它的树林里，
轻柔甜蜜地歌唱。

用你全身力气压弯一棵树苗，
让树梢触着地面；
但只要压弯它的右手松开，
它的树梢会再次指向天空。
太阳神沉降在波光粼粼的西海，
但从一条秘密通道，
他再次驾车拐弯，
来到他习惯升起的地方。
任何事物都在寻求回家的路，
回家有多么令人愉快；
没有任何事物会陷入定规，
除了那条首尾相连，
并且稳定循环的道路。

三

“你们这些属土的被造物也一样，在你们关于自己的起源的梦中，你们得到的影像虽然模糊，但确实存在；尽管它很不清晰，然而也包含一些型相，你们看到的正是你们幸福的终点。你们的本性吸引你们朝向那个终点，朝向真善，虽然有各种错误观念在误导你们远离它。请你想一下，凭借他们以为赖以获得幸福的那些东西，人类能否到达那个终点？因为，若是金钱、荣誉或其他真的能够产生此类显而易见完美无缺的东西，那么我们不得不承认有些人确实是通过获取它们而得到幸福的。但若它们不能实现它们的承诺，缺乏许多种善，那么它们所产生的幸福表象显然是虚幻的，不是吗？我首先要问你，你不久前还非常富有，拥有庞大的财产，但你的心灵难道从来没有被这方面的焦虑困扰吗，比如出了差错或者出了其他什么问题？”

我答道：“我当然不记得了，因为我的心灵一向自由自在，并不经常陷入某个方面的烦恼。”

“你想要的某些东西失去了，你不想要的东西却出现了，烦恼的原因不正在于此吗？”

我说：“是的。”

“所以你想要前者出现，而希望后者消失，对吗？”

我说：“确实如此。”

“人所欲求的东西，必定是他所缺少的，对吗？”

我说：“是的，必定如此。”

“那么，无论谁缺少了什么东西，他就不是完全自足的，对吗？”

我说："对，他当然不是完全自足的。"

"这样看来，曾经财富充裕的你觉得这种状态是不能令人满足的吗？"

"怎么不是呢？"

"因而，财富不能让一个人自足和无所匮乏，虽然表面上看来这是财富的承诺。我认为，金钱的本性中没有什么东西能够阻止别人违背拥有者的意愿，把它从拥有者手中夺走，这也是特别值得思考的问题。"

"我承认这一点"。

"既然每天都有人不情愿地被比他强的人夺走金钱，你还有什么理由不承认这一点呢？如果不是有人想要取回被暴力或者欺骗夺走的钱财，那些诉讼案件又怎么会发生呢？"

"确实如此。"

"所以，一个人需要从外部寻找一些帮助，以保证他的钱财的安全吗？""

"谁又能否认？"

"不过，要是他不拥有钱财，他就不需要帮助了，因为他无钱可以失去。"

"无疑如此。"

"所以，我们预期的事情的反面倒成了真的。我们本以为财富能够让人自足，但实际上财富却需要他人的帮助。那么有什么办法让财富消除这种需要呢？富有的人能够不饿吗？他们能够不渴吗？或者说有钱人的身体感觉不到冬天的寒冷？但你会同意说，富人有办法满足他们的饥饿，解决口渴或者寒冷的问题。不过，这样一来，需要只不过变得让富人们比较容易忍受，但需要并没有一起被消除。如果那个总是迫切渴望某物的‘需要’用财富就可以满足，那么仍旧还有一个‘能够被满足的需要’。我省略了一个事实，那就是自然的本性只需非常少的东西就可以使它满足，而贪婪则没有任何东西可以使它满足。所以，如果财富不仅不能消除需要，自身还产生出一种需要，那么你们为什么还要会相信它们能够带来满足呢？”

让富人贪婪地堆积永不满足的财富，
多得就如涌动的黄金河流；
让红海的珍珠压弯他的脖子；
让千百头公牛耕种他的肥田沃土！
只要他活着，不断啃噬他的烦恼就永不离开，
一旦他死了，那些虚假的财富不会随他而去。

四

“高位给获得者带来荣誉和尊敬。然而，诸多职位里真的有这种将美德渗进在位者的心灵并且驱赶奸邪的力量吗？它们通常并不驱逐奸邪，反而让奸邪臭名昭著，难道不是这样吗？这就是我们为什么要对把高位给予奸邪之徒感到愤怒；所以卡图鲁斯称诺尼乌斯为‘毒瘤’，尽管他坐在显要的专用席上。你看到高位给恶人带来多大的耻辱吗？如果他们不是因为荣誉而出名的话，他们的卑鄙无耻肯定不会那么明显。你可曾经不起诱惑，因而不顾危险，哪怕已经察觉德柯拉图[①]安排了一名邪恶的小丑和告密者的阴谋，还是产生了与他同朝为官的念头？对于我们已经断定不配身居高位的人，我们不会因为他们的官职而认为他们值得尊敬。然而，如果看到有人天赋聪慧，你会认为他不值得受人尊敬，或者不配拥有聪慧的天赋吗？当然不会。所以，美德有其固有的价值，并且在美德与人结合的一瞬间也转移给了人。既然他们拥有的、为一般民众欢呼喝彩的荣誉不能做到这一点，那么他们显然也没有真正的

① 德柯拉图（Decoratus）可能是一位财务官，大概公元 508 年在位。

价值以及该价值固有的美。关于这个问题，你应该从以下方面作更深入的思考：既然高位不能让不诚实的人变得令人尊敬，那么一个人越是卑鄙，就越会被更多的民众瞧不起，因为高位会把不诚实者暴露在更多民众的注视下，让他们受到更多的蔑视。他们即使抛弃了官职也不能免受其害，因为不义之人自作孽不可活，恶有恶报。

“既然你可能认可真正的尊敬不能如影随形般地来自庄严的高位，那么请你设想这样一个情景：有一个人多次担任执政官，但要是他走出罗马人的世界，去游历一些野蛮人的国家，那么他的崇高地位能让他受到野蛮人的尊敬吗？假如高位的本性真的拥有这种能力，那么它们在任何民族中都一点也不会失去它们的力量，就像火焰在世上的任何地方都永远不会停止发热一样。但由于这不是高位固有的力量，而只是人们把通过错觉产生的意见附加于它们，所以一旦来到不承认这些高位的民族中间，它们马上就变成一场空。在外国人中间当然是这样。然而，在设立这些高位的人中间，它们能够保持不变吗？执法官一职曾经拥有很大的权力，如今它成为一个空名和元老院的沉重负担。以往要是有人负责救济粮，那么他会被认为很伟大，而到了今天，还有什么职位比它更低级？就像我刚才所说，自身不包含荣耀的事物，按照使用它们的人的评价意见，一个时候为众人所推崇，而另一个时候则不行。如果高位不能让一个人变得值得尊敬，更有甚者，如果高位不能使占据高位的不义之人不受玷污，如果随着时代的变迁，高位不再受人推崇，在不同的民族的评判中掉了身价，那么它们自身中能有什么值得我们追求的美，更遑论它们还能给予其他人什么美？”

尽管尼禄傲慢地盛装打扮，
穿上泰尔红袍，佩戴洁白的珍珠，
他炫耀的浮华皆为众人所憎，
因为他放纵任性，残暴不仁。
他曾无耻地把卑鄙小人推给可敬的元老院
让议员们选举他们为执政官；
由这些可悲的人授予的荣耀，
还有谁会视之荣耀？

五

“拥有一个王国或与国王交往，真的能使人有权力吗？如果国王们的幸福能够永久长存，那怎么不会呢？然而，不仅在古代，而且在现代，国王们从幸福变成不幸的例子比比皆是。噢，权力确实美妙，但人们发现权力无法自足，甚至无法保护自己！如果统治王国的权力能够产生幸福，但要是在受尊重方面有所欠缺，那么就会减损幸福并引来不幸，是吗？不管人类的帝国能够扩展得多么辽阔，在它之外必定还有许多国家不受这个国王的统治。既然如此，那么无论权力能够让国王有什么幸福的结果，他们权力的缺陷总归会让他们越来越感到心惊肉跳，置他们于悲惨的境地；这样下去，国王们分享的悲惨必定比幸福还要大。一名暴君①的亲身经历让他明白了自己的地位受到众多威胁，他把自己当国王的恐惧比作头顶上悬着刀剑的达摩克利斯的惊骇。②既然权力不能消除啃噬自身的烦恼，也不能防止芒刺在背的恐惧，那么它到底是什么呢？当然，国王都想要无烦恼地过完一生，但是他们做不到：所以，他们只好夸耀自己的权力！如果你看到一个人想要做他做不到的事情，你会认为他有力量吗？你认为一个走到哪里都

---

① 指叙拉古的僭主狄奥尼修一世（Dionysius I of Syracuse），参阅西塞罗：《图斯库兰讨论集》第 5 卷，第 21 章。

② 达摩克利斯（Damocles）是叙拉古国王的朝臣，据说被迫坐在上悬宝剑的餐桌旁，宝剑由一根头发系住。

要带上侍卫的人有力量吗？或者说，那个害怕别人胜过别人害怕自己的人有力量吗？或者说，那个依靠一群阿谀奉承的朝臣来显示自己力量的人有力量吗？好吧，在我讲完王权本身充满的缺陷以后，还需要我对国王们的抱怨说些什么吗？朝臣经常因为王权的巩固或垮台而受到贬谪。尼禄强迫他的老伙伴和老师塞涅卡选择死的方式。① 帕比尼安在法庭上一直都很有力量，但是安东尼努斯把他扔到了下属士兵的乱剑之下。② 他们都想过要放弃他们的权力，塞涅卡甚至试图向尼禄奉上财产，并自动引退。但是他们已经站在悬崖边上，把他们往下拉的正是他们的伟大之处，他们连不想要都不可能了。所以，这个使人一旦获得就会陷入巨大恐惧的权力到底是什么？当你想要拥有它的时候，你就不再安全；而当你想要抛弃它的时候，你却再也不能摆脱了。被我们的财富和命运而不是我们的美德吸引过来的朋友，我们真的得到他们的帮助吗？在顺境中得到的朋友在逆境中就变成了敌人。一个曾经熟悉的朋友反过来就

① 参阅塔西佗:《编年史》第 14 卷，第 53 节。

② 帕比尼安（Papinian）是罗马伟大的法学家，在塞维留斯当政时任禁卫军长官。大约于公元 212 年被塞维留斯的儿子安东尼努斯（M. Antoninus Caracalla）所杀。

成为敌人，有什么灾难比这种事更能伤害人？”

一个想要获得力量的人，
必须平复亢奋的心绪，
必须不被冲动的欲望征服，
必须不向发臭的缰绳低头；
即使远如印度的土地
也会在你的统治下发抖，
最遥远的图勒[①]也要向你臣服，
要是对驱散黑暗的烦恼无能为力，
不能迫使满腹牢骚的悲惨溃逃无踪，
那就是一点力量都没有。

六

“还有，经常带着巨大欺骗的荣耀是多么可鄙！悲剧诗人[②]激动地呼喊：‘噢，荣耀，荣耀，千万的凡人，一丝不挂而生，你却把他们吹上了天。’诗人的理由没有说错。有

---

① 可能指欧洲北部尽头的一块大陆或岛屿。

② 欧里庇得斯：《安德洛玛刻》(*Andromache*) 第 319 行以下。安德洛玛刻是特洛伊英雄赫克托耳之妻。

太多的人经常由于民众的错误意见而获得巨大的声誉——还有什么可以想象的东西比这更可鄙？那些出于误解而被人们大加谈论的人，听到对自己的赞誉必定面红耳赤。即使这些赞誉是靠自己的功劳赢得的，但明智之人衡量自己善的程度不是依据大众的流言蜚语，而是依据自我认识的真理，那么荣耀又能给明智之人的自我认识添加什么吗？如果有可能让一个人的声誉远播海外，那么我们可以推论说，那些声誉没有得到如此广泛传播的人肯定会被人认为有缺点。然而如我刚才所说，必定还有许多国家是个人的声誉未能抵达的；你认为荣耀的人在相邻地区就可以被视为可耻的。不过在这里我要说的是，我甚至不认为大众的口碑值得一提，它既不来自判断力，也不曾持续稳定。现在有谁看不出贵族的声誉有多么空虚、毫无价值呢？如果声誉和家族名望有关，那么它就属于其他人；因为贵族的头衔显然是对祖辈的功勋的赞誉。如果名望来自被谈论的对象，那么享有名望的必定只是那个被人们谈论的对象；因此，如果你自己没有名望，那么别人的名望也不能让你变得闻名遐迩。如果说贵族的头衔有什么好东西，那么我想只能是下面这一点：显然有一种义务强制性地加在了贵族的头衔上，他们的义务就是不让他们祖先的美德在后代那里堕落。”

大地上的所有人有同一个起源；
有一位父亲照料万物。
他赋予太阳光芒，让月亮有钩尖，
他让人住满大地，让天空布满星辰；
他把灵魂从高处带下，锁进人的肢体。
因此，一颗高贵的种子生出了所有凡人。
为何要诅咒你的血统和祖先？
如果你思考你的起源和你的创造者，
则天下无人卑微，
除了那些在罪恶中拥抱更低级事物的人，
他们抛弃了自己固有的起源。

七

“人们的心中充满躁动，渴望肉体的诸多欢乐，而在满足的背后却充满悔恨，对此我该说些什么呢？这是一种多么可怕的疾病，通常给享受欢乐的人的身体带来无法忍受的痛苦，简直就是邪恶的欢乐结出的恶果！我不知道使人亢奋的是什么样的欢乐，然而任何愿意回忆自己的欲望的人都懂得，这些欢乐都有苦果。如果肉体的欢乐能够让人幸福，那么就没有理由不把野兽也称为幸福的，因为它们的所有努力都是直接为了满足肉体的需要。来自妻子儿女的欢乐确实应该是全善的，但这种善被说得太好了，对自然本性太过真诚，乃至于有人戏谑说，养孩子简直就是折磨人。我不需要就此对你提出警告——你以前已经有过体验，甚至现在也在为他们担忧——无论他们现在的情况如何，这种折磨带来的忧虑在啃噬你。在这个问题上，我同意我的学生欧里庇得斯的意见，他说，没有孩子的人即使身陷不幸也是快乐的。”①

诸多欢乐皆是如此；
它们驱赶享用欢乐的人，
就像成群的蜜蜂，
在倾倒出令人愉悦的蜂蜜之后，
它们逃跑，并用一根久久不离的毒刺
穿透我们的心脏。

八

“因此毫无疑问，这些通往幸福的道路都是旁门左道，

① 参阅欧里庇得斯：《安德洛玛刻》第420行。

不能将任何人带入幸福，而它们曾经许诺引导人们到达彼岸。现在，我要非常简短地说明它们和什么样的巨大的邪恶捆绑在一起。首先，你想积聚钱财吗？那么你将不得不从拥有钱财的人那里拿走钱财。你想要获得荣誉而光宗耀祖吗？你将不得不恭敬地向荣誉的赐予者乞求，尽管你渴望在荣誉上超越他人，但由于你卑贱的乞讨，你已经自掉身价。你渴望权力吗？你将会暴露在各种危险之下，受到属下臣民的叛逆的折磨。你追求荣耀吗？你不得不遭遇各种艰难险阻，不再安全。你想要有一个欢乐的人生吗？又有谁不会蔑视这种要求，拒绝为这种非常低级和脆弱的身体方面的要求提供服务？事实上，那些炫耀自己身体拥有许多优点的人，他们所信赖的东西是多么低劣，多么脆弱！你能在体型上超过大象、在力气上超过公牛、在速度上超过老虎吗？看到苍穹的广袤、稳定和天体的速度，从今往后你就不会再对低级的事物感到惊讶，尽管这些地方还不是天体最值得惊叹的地方，而是统治他们的秩序。然而，美的光芒是短暂的，转瞬即逝，比春天的花儿变换彩装消逝得更快。如亚里士多德所说，[①] 如果人类拥有林扣斯

① 参阅亚里士多德：《残篇 59》，《后分析篇》1397b18。林扣斯（Lynceus）是希腊神话中的千里眼。

的千里眼，那么他们的视力将能穿透诸多障碍，人们看穿了阿尔西庇亚德的内里，他那美丽的外貌不就是最卑劣的吗？因此，不是你的本性让你显得美丽，而是那些看你的人的双眼的虚弱使然。但是，如果你知道发烧三天就能摧毁你所推崇的肉体的优点，那么你可以夸奖肉体。我们可以总结一下：这些东西既不能提供它们承诺的善，也不能聚积所有的善而达到完美；它既不能像许多大路那样引导人们抵达幸福的终点，也不能依靠自身使人们幸福。”

唉，什么样的无知，
误导可怜的人们偏离正途
走上一条迂回小道！
你在绿树上摘不到金子，
正如你在葡萄藤里采集不到宝石；
你不会在高山顶上撒下渔网，
让你的筵席有丰富的鲜鱼，
如果猎取狍鹿让你欢喜，
你又怎能在伊特鲁里亚海中狩猎。
人们事实上知道海涛之下隐藏着幽深的巢穴，
什么样的水域盛产洁白的珍珠，

那就是红色骨螺遍布之处，
也知道，哪一处海岸出产鲜嫩的鱼儿，
或者多刺的海胆。
但是，何处隐藏着他们想要获得的善，
他们依然盲目无知，
本应去那天上繁星密布的极地，
但他们却在地下深掘。
对如此愚蠢的心灵我又能念什么样的咒语？
让他们为财富和荣誉去奋斗吧，
当他们付出巨大辛劳挣得诸多伪善时，
再让他们认出真善所在。

九

“现在，我已经给你足够详细地展示了虚假幸福的外貌；如果你完全彻底地看穿了它，那么我们下一步要做的就是给你指出什么是真正的幸福。”

“我确实明白了，通过财富来得到满足，通过王权来获得权力，通过高位来获得尊敬，通过荣耀来获得名声，通过享乐来获得欢乐，都是不可能的。”

“然而，之所以如此的理由，你也领会了吗？”

“我想，就像透过狭窄的缝隙，我瞥见了它们，但我更愿意从您哪里更加清楚明白地学到它们。”

“有关的解释其实伸手可得；幸福的本性本来是单纯的、统一的，但人们却错误地将它分割和曲解，使它从真实和圆满变得虚假和残缺。你认为一无所缺的东西会需要权力吗？”

“当然不会。”

“你说得很对，因为只有事物在某个方面力量太弱，它才需要其他事物的帮助。”

“确实如此。”

“所以，‘自足’的本性和‘力量’的本性是统一的，相同的。”

“显然如此。”

“那么，你认为‘力量’和‘自足’这类东西应受鄙视吗？或者反过来，它们是万物中最值得尊敬的吗？”

“无疑是后者。”

“所以，让我们在‘自足’和‘力量’之外再添加‘尊敬’，我们可以断定这三样东西是统一的。”

“如果我们真的希望承认真理，那就让我们这样做吧。”

“好的，你认为它是模糊的、难以分辨的，还是最有名望的、人所共知的？现在请你考虑一下，那个被认为是一无所缺的，同时也是最有力量和最值得获得尊敬的东西是否需要名声，它是否无法为自己提供名声，并因此在有些方面显然要比其他事物低下。”

“我不同意，因为只要它名副其实，它也就是最广为人知的。”

“因此让我们承认，‘名声’与前面三样东西毫无差别。”

“结论是必然的。”

“既然它一无所缺，依靠自己的力量无所不能，人尽皆知，值得尊敬，我们难道不应该说，它也是最令人欢乐的吗？”

“我无法想象悲伤能够从什么地方悄悄地逼近这样的东西；因此，如果我们前面讲的不是空话，那么我们就必须承认它充满了欢乐。”

“那么，自足、力量、名声、尊敬和欢乐，名称虽然不同，但其实质无论从哪方面来说都是相同的；根据与前面相同的论证，这个结论也是必然的。”

“必定如此。”

“人类的堕落将这个本性统一和单纯的东西撕裂；有人

试图获得它的一部分，但他就是得不到，因为它实际上没有分开的部分；他也得不到这个东西本身，因为人丝毫没有尝试去得到它。”

“怎么会这样？”

“逃避贫困的人追求富足，但在权力方面无所追求，他情愿变得低下和卑微，并且为了防止失去得到的金钱，自愿丧失许多欢乐，哪怕是那些出自本性的欢乐。但这样下去，他甚至无法得到满足，因为他被权力抛弃，受烦恼的折磨，由于躲在阴暗角落里，他身份低微而受人鄙视。而只渴望权力的人挥霍他的财产，无视欢乐和一切没有权力的荣誉，对于荣耀也是如此，他视荣耀如无物。但你看到，他也缺少多少东西；总有这么一天他会缺少许多生活必需品，乃至于被忧虑啃噬，并且由于无法消除这些忧虑，他甚至会失去他苦苦追求的东西，亦即强有力的状态。对荣誉、荣耀和欢乐，我们也可以发表相同的论证；因为它们从本质上来说是相同的，无论谁想要追求其中的一个，将它从中分离出来，那么他连想要的这一个也抓不住。”

“好吧，假定有人想要一并获得它们；那么他实际上是在追求总的幸福。”

“但我们刚才展示了一些不能兑现自己的承诺的东西，

在这些东西中他肯定找不到幸福，对吗？”

“确实找不到。”

“所以，绝对不能从这些东西中找幸福，因为人们相信，它们虽然提供了每一样需要的东西，却是分开来提供的，对吗？”

“这我承认，再没有比这更真实的事情了。”

“你已经知道了虚假幸福的外貌和起源。现在，请把你的心灵的视线转向相反的方向；在那里你马上就能看到真正的幸福，如我先前允诺的那样。”

我说：“甚至对盲人来说，它也足够清楚明白；在你试图对我展现虚假幸福的起源时，你就已经把真正的幸福告诉了我。除非我弄错了，这就是真正的、完美的幸福，它让人满足，有力量，受尊敬，出名和欢乐。因此你知道，我心里已经明白了这个道理，真正能够提供这些东西中的任何一个的——尽管它们实际上都相同——我将毫不含糊地说，它就是完满的幸福。”

她说：“噢，我的学生，如果你再添上一点，我就该称你为幸福的人了。”

我问道：“请你告诉我，添上什么？”

“你认为，在这些可朽的、凡俗的、短暂易逝的事物中，是否有任何东西能产生这种状态？”

我答道：“我认为基本上没有，你已经充分证明了这一点，没有必要进一步论述。”

“所以这些东西看起来把真善或某些不完美的善的影像给了凡人，但它们不能把真正的、完美的善给凡人。”

我说：“我同意。”

“那么，既然你已经认出了真幸福是什么，又是什么东西在假扮它，那么你剩下要做的事情就是辨认从什么地方可以寻找到这个真正的幸福。”

“这正是我长久以来一直热切期待的。”

“但是，按照我的学生柏拉图在《蒂迈欧篇》① 里的意见，我们甚至在最小的问题上也必须恳求神的帮助，所以你认为我们现在应该做什么，以便我们可以发现至善的所在？”

“我们必须求助于万物之父，假如忽略了这一点，正确和适当的开始就无从谈起。”

她说：“你说得对。”接下去，她马上唱了下面的颂歌。

---

① 参阅柏拉图：《蒂迈欧篇》27C。下面的诗歌主要参考了《蒂迈欧篇》27C—43D，采用了新柏拉图主义者普罗克洛（Proclus）的注释。

啊，您用永久的秩序统治宇宙，
您是天地的创造者，命令时间从永恒而来开始运动，
您自身保持不动，却将运动赐予其他一切；
您不受外部的原因驱使，
慷慨地赠送您自身里面的最高的善的形式；
作用于流变的物质，
从而，您用一个更高级的模型塑造了一切事物，
在保持您本身最美的同时，
美丽的世界在您的思想心灵中孕育，
您令其以相同的形象成形，
您命令它完美地完成自身，
它的每个部分都是完美的。
您用诸数约束诸多元素，
因此寒冷与火焰相伴而生，
干燥与液体相伴而行，
免得火焰过于纯粹而飞逸，
固体过于沉重而压散大地。
您约束灵魂三分的本性，
于是驱使一切事物的灵魂分成诸多和谐的部分；
被切分的灵魂将自己的运动聚集形成两个循环，

其一是返回自身的运动，

内里深处的思想促使其环行，

另一个推动苍穹的旋转，

就像推动其自身。

您以同样的元素产出了次级的活灵魂[①]，

并且给它们鲜亮的马车，

以符合它们天上的本性，

您把它们播撒在诸天之内和大地之上，

又依据您宽宏大量的法则，

命令它们围绕着您旋转，

最后用回归的大火令其返回。

天父啊，请您让我飞升到您庄严的宝座前，

请您允许我围着善之源泉漫步，

请您允许我看到光明，

使我心灵的眼睛能够对您凝视。

请您驱散纷乱尘世的厚重迷雾，

请您用光明照亮天际。

您是福佑者，您是宁静的安详，宁谧的休憩；

---

① 指人的灵魂，当它在肉身中经历了一次善的生活之后，可以得到净化而重返天庭。参阅柏拉图：《蒂迈欧篇》41D—42D。

您是他们的目标，您是唯一和不变，

您是他们的开始[①]，您是他们的推动者，

您是他们的引路人，您就是道路和终点。

十

“我想，你已经见识了完美形式的和不完美形式的善，现在是时候说明一下幸福的至善到底在哪里了。因此，我认为首先要弄清你刚才定义的这种善，它的任何一个方面是否存在于这个世界，以免空洞的想象越过现实的真理挡在我们面前，欺骗我们。但是，至善确实存在，并且是所有善的源泉，这一点不可否认。因为所有不完美的东西之所以被称作‘不完美’，其原因就在于它们与完美的东西相比有所欠缺。因此，在任何一个类别的事物中，如果有些事物看起来不完美，那么这个类别中肯定存在某些完美的事物，这种情况经常发生。如果我们把完美的事物拿出来放在一边，那么我们甚至无法想象怎么可能有那些被认为不完美的事物。宇宙并不发端于一个受到减损和未完成的起源，而是发端于完整和完全的起源，然后才逐渐下降到

① 原文 Principium，也翻译为“本原”，具有“开端”和“源头”之意。

现在这个损耗殆尽的状态。但是，如我们方才所示，如果在一个逐渐朽坏的善里面有某种不完美的幸福，那么我们也就不能怀疑某种不朽和完美的幸福的确存在。”

我说：“我们得出的这个结论非常牢固和真实。”

她说：“接下来就是至善存在于何处的问题了，你要按照下面的思路来考虑。上帝——万物的法则——是善的，所有人头脑里都有这个共同观念证明了这个命题；因为既然我们可以设想‘没有任何东西比上帝更好’，那么还有谁能怀疑‘无与伦比的上帝是好的’这个命题？上述理由充分表明上帝是善的，同时也清楚地证明了完美的善在上帝里面。因为，如果上帝不是这样的话，他就不可能是万物的法则；而且，还会有其他什么东西比上帝更卓越，同时也拥有完美的善，这个善看起来还更优先、更古老。因为所有完美的事物显然比不那么完美的事物更优先。因此，为了不让我们的论证陷入无限倒退，我们必须承认至高的上帝充满了最高等级和最完美的善；并且，我们已经确定了完美的善就是真正的幸福；所以，真正的幸福一定栖息在至高的上帝里面。”

我说：“我接受这个不可能产生任何矛盾的论证。”

她说：“那么让我来考考你，看你毫不犹豫地赞成我们刚才所说的至高的上帝充满了至高的善有多么严肃。”

我问道：“怎么个考法？”

“你也许会假定作为万物之父的上帝从外部或者以一种自然的方式拥有和接受了充满了他的至善，就好像你也许会认为上帝所拥有的幸福的实体与上帝这个拥有者不是同一的。因为，如果你把幸福设想为来自外部，你就会认为那给与者比接受者更加卓越；但是我们已经非常正确地承认了唯有上帝才是万事万物的至高者。然而，如果幸福依据它的本性存在于上帝本身，但二者在本质上又有所区别，那么既然我们讲上帝是万物的创造者，那就让他来设想能把两种不同的本性结合在一起的到底是谁。最后，如果某物有别于另一物，那么某物就不会是彼此有差别的另一物；所以，在本性上与至善有差别的就不会是至善。照这个样子来想象上帝那真是太糟了，因为我们都同意没有任何事物能比上帝更卓越。又因为没有任何事物的本性能比它自身拥有的本原（*principium*，Principle）更好，所以我要用这最真实的理性得出结论说：万物的本原本质上就是至善。”

我说：“没有什么能比这更正确了。”

“而且我们已经承认至善就是真正的幸福。”

我答道："确实如此。"

她说："所以我们必须坚定不移地承认幸福就是上帝本身。"

我坦然答道："我无法反驳你前面的诸命题，而且我看到如何从中一步步得出结论。"

她说："你再想一想，下面这个论证是否与上面的论证一样可靠：彼此不同的两个至善不能共存。因为我们清楚，如果两个善有差别，那么其中一个就不是另一个；既然其中一个总是缺少另一个的某些方面，因此二者都不可能是完美的；显而易见，不完美的就不会是至上的；所以这两个至善彼此之间绝不可能有差别。我们已经得出了上帝和幸福同是至善的结论，因此，上帝必定就是至高的幸福，而幸福就是至高的神性。"

我说："这个结论真实稳固地建立在论证的基础上，深刻地显示了上帝的价值，用其他办法得出的结论都比不上它。"

她说："此外，就好像几何学家习惯于从已经证明的定理作出进一步的推论，所以我也要再给你一些推论。既然人由于获得幸福而变得幸福，并且幸福本身就是神性，那么很明显，人们就是由于获得了神性而变得幸福。就好像人们获得了正义而变得公正，获得了智慧而变得聪颖；同理，当人们获得了神性，他们必定变成神。因此每个幸福的人都是一个神，虽然从本性上来说只有上帝是唯一的神，但是只要你愿意，便没有任何东西阻止你通过参与神性而变成神。”

我说：“这是一件既美妙又珍贵的事情，无论你喜欢称之为推论还是推理。”

“然而理性说服我们，应当在我们已经说过的事情之上再添上一点，它才会美妙无比。”

我问道：“什么？”

她说：“幸福似乎包含许多事情，是各个部分的结合组成幸福的整体，而各部分之间有一定的差异，或者说，其中一个部分就已经完整地构成了幸福的本质，而其他部分都与之相联，是这样吗？”

我说：“我希望您能讲得清楚一点，提及事物本身。”

“我们现在认为幸福就是善，对吗？”

我表示同意：“而且幸福是最高的善。”

她说：“你可以把这一点添加给幸福的各个方面，幸福也被认为是最高的满足、最高的权力、最高的崇敬、最高的名望和最高的愉悦。然后又怎么说呢？善、满足、权力，等等，它们是幸福的组成部分，还是与善相连并以善为首呢？”

我说：“我明白你在进行考察，但我期待着听到你的结论。”

“那么就来听听我们在这个问题上如何辨别。如果这些东西是幸福的组成部分，那么它们之间必定有差异，因为这是它们作为幸福的组成部分而具有的本性：相互之间有差异的东西才能形成一个整体；然而我们说这些东西是统一的、相同的；所以它们不是幸福的组成部分。否则幸福看上去就像是只有一个组成部分，而这是不可能的。”

我说：“噢，当然如此，毋庸置疑，但我还是在期待余下的结论。”

“其他部分显然都与善相连。人们为什么总是追求满足，因为它被认为是善的；人们为什么总是寻求权力，因为它也被认为是善的；这个结论可以推广到崇敬、名望和愉悦。一切被人追求的东西的总和与原因都是善；因为人们根本不会去追求那些事实上不包含善或没有任何好处的东西。但另一方面，人们却追求那些表面上看起来是好的，本性上却不好的东西，就好像它们具有真正的善一样。因此我们可以公正地说：人们追求事物最重要、最关键的动因是善。这样看来，人们追求一个事物想要得到的是该事物背后的动因，例如，一个人为了健康起见而去骑马锻炼，他想要得到的不是骑马这个动作，而是随之而来的效果——健康。所以，既然人们追求一切事物都是为了某种好，为了善，所以他们不会像追求善那样追求这些事物。但是我们也承认，人们追求的另一个目标是幸福；所以同理，只有幸福才是人们真正追求的。就这样，我们清楚地看到，善的本质和幸福的本质是统一的、相同的。”

我说：“我认为没有人会站出来表示反对。”

“但是我们也已经表明：上帝和真正的幸福是统一的、相同的。”

我说：“对。”

“因此我们可以保险地下结论：上帝的本质也建立在善本身，而不是其他什么地方。”

来吧，都聚集到这里来，你们这些囚徒，
你们世俗思想的强烈欲望将你们欺骗
用耻辱的锁链束缚了你们；
你在这里将找到自己余生的全部劳作，
这里是永久宁静和平的天堂，

这里有不幸者唯一的避难所。
既不是产金沙的塔霍河，
也不是产红宝石的赫尔墨斯河，[①]
更不是盛产各种宝石
靠近热带地区的印度河，
能够洁净人们的双眼；
而且在它们的黑夜降临时，
人们深受遮蔽的心灵将被埋葬。
无论什么能用快乐扰乱人们心灵的东西，
大地总是将之珍藏在幽深的洞穴之中。
有一道光芒统治着充满生机的天堂，
它总是回避灵魂的堕落和昏暗；
任何人看到这道光芒都会赞叹，
福玻斯[②]的光芒也没有如此明亮。

十一

我说："我同意，因为您所说的话全都由最严密的推理

① 塔霍河（Tagus）流经西班牙和葡萄牙，赫尔墨斯河（Hermus）在小亚细亚的埃俄利亚，都是淘金的地方。

② 福玻斯（Phoebus）即希腊太阳神阿波罗。

结合在一起。”

然后她说：“如果你能知道善本身是什么，那么你会给它多高的评价？”

我答道：“无限高，因为认识了善我也能认识上帝，他就是善。”

她说：“我确实应当用最有效的推理把这一点解释清楚，只要我们刚才得出的结论能够站得住脚。”

我说：“它们能够站得住脚。”

她说：“我们不是已经表明，许多人追求的那些事物不是真实的和完美的善，因为它们彼此有差异；它们既然彼此之间都有欠缺，那就没有一个可以称为完全和绝对的善；但是真正的善只有当它们都聚合在一起，成为一体的时候，才能产生自足的善；这个道理也适用于权力、崇敬、名望和愉悦；然而，除非这些东西是一样东西，是相同的，否则它们就不拥有任何东西来证明它们属于我们应当追求的东西？”

我说：“是的，我们已经论证了这一点，对此决不能怀疑。”

“那些由于不同而不好的东西在成为一体的时候会变成好的，在获得了统一性的时候它们难道不会变好吗？”

我说：“看起是这样。”

“但你是否同意，好的事物之所以好是由于分有了好？”

“确实如此。”

“那么根据同样的论证，你也必须承认，一和善是相同的；按照它们的本性，它们拥有相同的本体，它们产生的结果没有差别。”

我说：“我不能否认这一点。”

她说：“那么，你是否知道，每个事物只要它还是一，它就是其所是，持续存在并延续下去；一旦它不再是一，它就毁灭和消失了。”

“怎么会这样？”

她答道：“各种生灵的情况就是这样，当身体和灵魂结合在一起，并保持一的状态，结果就是我们所说的一个生灵；但是当灵魂与身体分离而造成这个统一体解散，那么它显然毁灭了，死亡了，不再是一个生灵了。剩下的身体，只要它的各个部分联系在一起保持一的形态，那么它看起来依然是一个人的外形；但若由于分解和脱离，身体的各个部分从统一体中撕裂开去，那么它就不再是原来所是的样子了。同理，任何一个研究其他例子的人都会明确无疑地发现，每个事物只要还处在一的状态，它就继续存在，当它不再是一的时候，它就消失了。”

我说：“即使我考虑更多的情况，也不会有任何不同。”

她问道：“那么是否有这样的情况，一个事物如果只按照它的本性活动，那么它会放弃继续存在的愿望，并且渴求自身的堕落和毁灭吗？”

我答道：“如果我思索各种生灵，那么我发现它们生来就想要或不想要某些事物，我还没有找到一种事物在没有外界力量的作用下会放弃继续生存下去的努力，自愿加速自身的灭亡。任何动物都会为了保护自身的安全、躲避死亡和毁灭而奋斗。但是，我又该如何考虑花草树木，或者其他所有无生命的事物呢？对此，我拿不定主意。”

“但是，即使是这种情况，你也没有什么可以疑虑的，因为你首先会察觉到，花草树木总是在适合它们的地方生长，在那里，只要它们的天性允许，它们总能躲避迅速枯萎和严寒。比如有些花木在田野里破土发芽，有些则在高山峻岭成长；有些在沼泽湿地成熟结果，有些在岩石峭壁上攀附蔓延，还有的在贫瘠的沙漠多产繁衍，甚至要是有谁把它们带往其他地方，反而会枯萎而死。大自然给了每一种植物最适合它们自身的礼物，还有帮助它们免于死亡的行动能力，只要它们能够不顾艰难险阻地忍耐下去。你难道没发现，它们就好像是把嘴埋在土壤里，通过它们的根系吸取营养，再通过木髓和树皮传输力量？你发现了吗，这些部位都是最柔软的，例如木髓总是隐藏在树干内部，外面覆盖着木质硬壳，树皮作为最后的防线用来抵御严酷的气候，如此方能忍受天气的虐待。而且，大自然让它们都能通过种子来繁衍后代，事实上，大自然的关怀多么伟大！谁不知道它们都像某种精密机械，不仅为了在一段时间里存活，而且为了传宗接代，就好像要将种族延续到永远。还有，所有那些人们认为无生命的东西，它们不都在以一种类似的方式追求着适合自身的东西吗？它们的轻盈向上支撑着火焰飞舞，它们的重量向下压迫着大地，原因不正是这些方向和运动对每一个具体的东西来说都是合适的吗？还有，与某物相适应的东西就会保护某物，而无论它是什么，就好像危害某物的东西会毁灭某物。再举一个例子，那些硬的东西，比如石头，能够密实持久地凝聚各个部分而不容易碎裂；而那些流动的东西，比如空气和水，真的非常容易向分割它们的力量屈服；然而，被分割的各个部分也能迅速地再次汇聚成一体；火焰则能避免任何分裂。

“我们现在谈论的不仅涉及理性灵魂的自主运动，而且涉及了本能的运用，比如咀嚼食物时，我们无需刻意思索就能摄取食物，而睡眠时，我们根本就没有意识到自己在呼吸。因为，包括生物在内，对于生存的热爱不仅通过灵魂有意识的行动表达出来，而且也通过自然的本能法则表达出来。然而，经常由于一些强迫性的理由，意志会拥抱生来就有的恐惧和躲避死亡；另一方面，天性总是想要发生繁衍后代的行为，因为这可以保障可朽事物的延续，但是意志有时会抑制这个欲望。所以这种对自身的热爱不是通过灵魂的行动而是通过本能的运作来展开的；因为神的眷顾给了她的造物最重要的生存动因，使它们出于天性渴望尽其所能地生存下去。因此没有任何东西能让你怀疑，万物天生就寻求它们自身生存的延续而避免自身的毁灭。”

我说：“我承认这一点，我在前面感到怀疑的地方现在已经不怀疑了。”

她说：“好的，那些寻求生存和延续的事物都渴望保持统一，因为统一性一旦被破坏，那么连持续的存在都会化为乌有。”

我说：“真是这样。”

她说道：“所以，万物都渴望统一。”我也表示同意。

“然而，我们已经表明了统一与善相同。”

我说：“确实如此。”

“所以万物追求善，你实际上也可以这样说，善就是万物所渴求的东西。”

我说：“再没有比这更真实的了，因为，要么万物彼此之间没有任何联系，没有任何一个事物是首领，它们就这么漂浮着而没有方向，要么，如果万物都朝向某物迅速地移动，那它一定就是万物最高的善。”

她说：“我很高兴，亲爱的学生，你已经将真理的航标牢记在心。但是，你现在觉得清楚明白的，也就是你刚才所说的，是你过去所不知道的。”

我问道：“那是什么？”

她答道：“万事万物的终极目的，确切地说，就是万物所渴求的东西；既然我们已经承认这个东西就是善，那么我们也必须承认，善是万事万物的终极目标。”

无论谁想要寻觅真理，
深思而又不想走弯路，
必须返回自身内在的光明，
把他远大的追求化为循环往复，

定要教导他的心灵，
无论如何努力奋斗，
都与她掌握的宝藏无关；
被错误的乌云笼罩的东西
将比福玻斯本身更加明亮。
肉身的重压造成心灵巨大的遗忘
但未消除一切光明；
心中确实存有真理的种子
知识春风的吹拂令它苏醒发芽。
你被提问时为何能正确判断身外之事，
除非在你内心深处有点燃烈火的干柴？
假如柏拉图的缪斯女神传达的是真理，
那么每个人的学习就是回忆被他遗忘的东西。①

十二

我说：“我坚定地赞成柏拉图的看法；这是您第二次提醒我这些事情。第一次是我忘记它们以后，因为我的记忆被肉身玷污，第二次是悲伤把我压倒的时候。”

① 参阅柏拉图：《美诺篇》81—86；《斐多篇》72—76。

然后她说：“如果你回想迄今为止我们承认的东西，那么你永远都不会远离记忆中的知识，哪怕你刚才还承认有你不知道的事情。”

我问道：“是什么呢？”

她答道：“依据什么来统治宇宙。”

“我记得我确实承认过自己的无知。现在，虽然我已经远远地瞥见您正在向我阐明的东西，但我渴望更清楚地听您亲口讲述。”

她说：“不久前你认为这个世界无可怀疑地是由上帝统治的。”

我说：“我现在也这么想，我甚至从来不曾认为那有什么可疑的地方，并且我愿意简短地讲述我是通过什么论证得出这个结论的。这个宇宙由众多不同和对立的部分组成，假如没有一个力量把这些特性各异的元素结合在一起，那么它永远都不会像现在这样统一汇聚成形。如果没有一个力量维持已经联结起来的各个元素的团结，那么这个由各种不和谐的本性组成的结合体将会分裂成碎片。甚至连井然有序的大自然也不能继续准确地运行，事物也不会在时空中秩序井然地运动，产生各种效果，呈现自身的体积和重量，等等，除非有一个统一的力量安排和规范这个充满变化的世界。正是靠着它，被造物得以继续存在和运行，而无论它是什么，我用众人惯用的名字称呼它为上帝。”

她说：“既然你有这种觉悟，我想帮助你安全返回故里的工作做得差不多了，到了那里你就有能力抓住真正的幸福。不过，让我们再来看一看我们业已做过的论证。我们不是已经把满足包含在幸福名下，并且承认上帝就是幸福本身吗？”

“确实如此。”

她说：“所以他统治宇宙而无需外在的协助；否则，如果他需要任何东西，他就不是完全自足的。”

“必然如此。”

“所以，是他独自安排了万物？”

“无法否认。”

“还有，我们证明了上帝就是善本身。”

“我记得是这样的。”

“因为他按照自己的意愿统治万物，并且我们都承认他就是善本身，所以他也是按照善来安排万物；这就好像织机的横梁或者船舵，正是由于他，复杂的宇宙才得以保持稳定和平安无恙。”

我说："我坚决同意，虽然我刚才预见到你想要说的事情，但那只是一种模糊的猜测。"

她说："这我相信。到此为止，我想你已经指引自己的目光更加专注地洞察真理。但是我下面还要说的事情，其明晰程度绝不亚于你亲眼看见。"

我问道："那是什么？"

"我们正确地相信上帝用善的舵统领万物，而且正如我刚才教你的，万物也因为天性使然而趋向于善，万物主动接受统治，并且出于自愿听从统治者的命令，就像与统治者保持协调一致是自然而然的事。我们对上述说法有可能表示怀疑吗？"

我说："事实只能如此，否则，如果他的统治实际上是一个套在不情愿者脖子上的轭圈，而不是臣民们心甘情愿地领受，那么他的统治不见得给人带来幸福。"

"因此，只要还保持自身真实的本性，就没有任何事物会试图对抗上帝。"

"没有。"

"我们刚才已经同意，上帝在他的王国内拥有最高权力，要是有敢于对抗上帝者，它能取得任何成功吗？"

"它当然会无功而返。"

“所以，没有任何事物想要或者能够反抗这个最高的善，是吗?”

“我认为没有。”

“所以，正是最高的善牢固地统治着万物，并且亲近地对它们进行安排。”

我接着说：“汇集你的许多论证，最后得出来的这个结论让我欣喜，你使用的辞藻更是让我快乐，最后我对一直以来残酷折磨我的愚蠢想法感到羞愧。”

她说：“你在一些故事中读到过挑战天庭的巨人族；但就算故事记载正确，那些巨人也被一个仁慈的力量摆放在了恰当的位置上。所以，你是否愿意我们在辩论中相互碰撞，因为这种冲突可能会迸发出真理的火花?”

我说：“只要能让您高兴。”

“没人会怀疑上帝的权力超越万物。”

“实际上，任何一个思维正常的人都不会有这种怀疑的念头。”

“上帝的权力超越一切，因此没有任何事情是他做不到的。”

我说：“没有。”

她问道：“那么，上帝不会作恶，对吗?”

我回答说：“绝对不会。”

“既然他不能作恶，那么‘恶’就是‘无’，就是不存在，所以依然没有任何事情是上帝做不到的。”

我说：“您这是在跟我玩游戏吗？您用论证编织了一个无法逃脱的迷宫，一会儿您从出口进去，另一会儿您又从入口出去。或者您把一切折叠在一起，就好像上帝简化之后就是一个神奇的圆圈？不久之前，从幸福开始，您说幸福就是最高的善，您还说它就处在最高的上帝里面；您又论证说上帝本身就是最高的善和完全的幸福，为此您还像赐给我一个小礼物似的给我一个结论：没有人能够幸福，除非他也是一个类似上帝的神。然后您又谈到同一个形式的善也是上帝和幸福的本质，您还教导我，统一和善是相同的，它也正是整个自然界所追求的。最后，您也讨论过上帝用善之舵统治整个宇宙，万物心甘情愿地服从，而恶没有真正的本性，是不存在的。所有这些都不是您从外部获取论据加以阐述的，而是属于我们内在的和与生俱来的认识范围，每一个论点的有效性都来自另一个论点。”

她说：“我们绝对不是在玩游戏，而是从一开始就向上帝祷告，并在上帝的帮助下考察万事万物中最重要的问题。这就是神圣的本体，它既不会溜走，进入外部事物，也不会从外部接受任何东西进入自身；但是，就如巴门尼德所说过的那样：‘它在各方面都像一个圆满的球体。’它推动着宇宙旋转，而它本身保持不动。如果我们用论证处理的问题不是外来的，而是我们一直在考察的领域，那么你就没有理由感到惊讶；你曾经学习过柏拉图的典籍，我们刚才讲的事情与他著作中的用词是类似的。”①

幸福的人，能望见
至善的明净源泉；
幸福的人，能除去
沉重的尘世镣铐。
古老的色雷斯诗人悲情吟诵：
他的妻子逝世令人哀伤，
先前他曾令树木灵巧奔跑，
河流为之止步，
因他如歌如泣的音韵，
雌鹿围绕全不惊畏，
凶残狮群比邻而卧，

① 参阅柏拉图：《蒂迈欧篇》29B。

野兔不怕看到猎犬，
众生在他歌声里安宁；
悲愁燃烧愈加猛烈，
内心深受煎熬，
那抚慰众生的旋律
也不能让主人平静，
怨天上诸神无情，
便向地下冥府行进。
柔美的曲子清越辗转，
弦颤竖琴响，
如斯律音来自最初的泉源，
得自天上的女神，他的母亲[①]
给予他无法平复伤痛
令伤痛倍增的爱，
都谱写成他的挽诗；
他用甜蜜的祷告，
感动了冥河中流过的每一个灵魂，

① 俄耳甫斯的母亲是卡利俄珀（Calliope），九位缪斯女神之首，掌管诗歌（特别是史诗）。

请求掌管冥府的哈得斯[①]的赦免，
他的歌声震撼看门人，
三头的刻耳柏洛斯[②]失神呆立，
惩罚罪恶的复仇女神们
平日里让罪人战栗畏惧
而今泪流满脸哀伤涕零；
飞速旋转的车轮
不再眩晕伊克西翁[③]的头颅，
为干渴所折磨的坦塔罗斯[④]
也不屑俯身就水；
秃鹰听到俄耳甫斯的旋律，
停止撕咬提堤俄斯[⑤]的肝脏。

---

① 哈得斯（Hades），希腊神话中的冥王。

② 刻耳柏洛斯（Cerberus），希腊神话中生有三个头的恶狗，负责看守地狱的大门。

③ 伊克西翁（Ixion）是希腊神话中的拉庇泰王。他与亲戚反目，被迫逃亡。宙斯收留他，但他却要勾引赫拉。宙斯命赫耳墨斯把他绑在地狱的车轮上，使他永远旋转。

④ 坦塔罗斯（Tantalus）因为泄露了众神的秘密而被处刑，罚站在淹没脖子的水中，当他想去饮水时水即流走，头上有一颗结果的树，但当他想拿水果时水果却退开。

⑤ 提堤俄斯（Tityus）是希腊神话中的巨人，因强奸勒托而被宙斯投入地狱，让秃鹰啄食他的肝脏。

最后冥府的统治者怜悯地说：
“我们折服了，
我们同意这个男人把他的妻子带走，
因为他美妙的歌声；
但我们要严守我们的法律，
在离开地狱的途中，
他绝不可回眸观望。”
谁能将法律加诸爱侣？
爱就是它自身最伟大的法律。
啊！就在俄耳甫斯快要走出黑暗边界的时刻，
他回首观望他的妻子欧律狄刻
于是他失去妻子，并且被杀。
这个故事可以告诉你，
无论谁想引领你的思想
进入上面的白昼，
克服了艰难险阻的人要是回眸
朝那地狱的深渊观望，
那么无论他带着什么珍宝，
必将在向下张望时丢失。

第四卷

一

哲学女神温柔和亲切地咏唱完诗句，脸上庄严肃穆，可是我的内心尚未完全忘掉悲伤；在她似乎想要启口再说些什么时，我说："尊敬的主人，凭借严密的论证，您向我指出了通向真理之光的道路。迄今为止，您的言语犹如醍醐灌顶，既充满神圣，又发人深省，而且无可辩驳。您告诉我的许多事情，尽管最近我由于伤口阵痛而逐渐将它们遗忘，但在此之前我并非一无所知。然而，宇宙虽有一个善的统治者，但邪恶却能够四处横行并逃避惩罚，这才是我之所以悲伤的最大原因；我请求您现在考虑一下，仅仅是这一事实的存在就会让人感到多么诧异。除此之外，还有一件事更加严重，奸邪猖獗、一手遮天，有美德的人不仅得不到奖赏，而且被打翻在地，任由奸邪小人践踏蹂躏，还要替他们的恶行偿付赔款。这种事情发生在全知全能、只容许善行的上帝之国，居然无人能表现出足够的惊奇或者抱怨。”

她答道：“这确实是一个无论怎么诧异都不过分的问题，比任何邪恶的预示还要糟糕，就如你所想的那样，这简直就像是在一位伟大的主人管理完善的屋子里，毫无价值的器皿备受珍爱，而价值连城的宝器却允许被玷污。但事实并非如此，如果我们刚才得到的结论仍然站得住脚，没有被推翻，那么，我们刚才谈论的王国正是由上帝统治的，在同一个上帝的帮助下，你会明白善的力量总是强大的，而恶总是可鄙和虚弱的，恶行永远不能逃脱惩罚，善行总会得到奖赏，良善之人终归成功，奸邪之人必得厄运；还有其他许多类似的事情，都将平息你的抱怨，坚定而又稳固地增强你的信心。即使像我刚才所展示的那样，你已经看到真正幸福的形式，而且也认出了它的位置，那么我认为这些都是必要的开端，等我们浏览过后，我会把指引你回家的路标告诉你。我还要给你插上思想的翅膀，让它们与你一同飞往高处，就这样，在我的引领下，坐进我的马车，走上我的道路，一切烦恼消散之时，就是你平安回家之日。”

我有灵巧的飞翼，
能升上高天；
若你敏捷的心灵将它穿上，
可以俯瞰可鄙的尘世，
穿越无边的大气，
回首即见缥缈之白云，
攀上火焰熊熊的高点，
那是猛烈燃烧的以太，[①]
直至升入星宫，
与日神同轨，
或者行走在冷老翁[②]的道路上，
与伴随它的明星共辉，
或者在星光夜色向前涂抹处，
与循环之星辰共旋转；
饱览至此心满足，
离开天极别至远，

① 以太指天穹的最外层，在它之上就是最高天，古人相信那里完全是光与火的圣地。

② 指土星，是肉眼可见五颗行星中最远的，比喻出自维吉尔的《农事诗》I. 336.

站立上气外边缘，
那里明光威严。
万王之主在此手握权杖，
统御世界，
明亮的宇宙之主，
保持自身不动摇，
勒缰驾驭快马车。
这是你曾经遗忘正在寻找的道路，
如果这条道路带你再回此地，
你会说：“我记得这是我的故乡，
我出生在这里，我应该在这里止步。”
如果你愿意回身反顾
已经离开的黑暗尘世，
那么在你看来
可怜的民众极为恐惧的暴君，
只不过是流放的犯人。

二

我激动地喊道：“太美妙了！您许诺给我多么伟大的事物啊！我不是怀疑您能否实现它们，但您既然已经唤醒了我的向往，那就不要再让我等待了。”

她说：“首先，你可以知道好人总是拥有力量，而恶人的力量会被剥夺，这两个事实是相互印证的。善和恶是相互对立的，如果能够证明善有力量，那么恶是虚弱的就再也清楚不过了；如果我们清楚地看出恶的软弱不堪，那么我们也就知道了善的力量。然而，我们的意见的可靠也许更重要，所以我将选择任何一条前进的路径，一会儿从这一边，一会儿从那一边，以此确证我的命题。

“任何人通过行动来实现目标依靠两样东西：意愿和能力。缺乏其中任何一样，就会一事无成。缺乏意愿，人甚至不会着手做任何事情，因为他根本不想要；而缺乏能力，意愿就会落空。正因如此，如果你看到有人想要获取某样他尚未获得的事物，你不能怀疑他缺乏获取该事物的能力。”

我说：“显然如此，这个论证也不可能以任何方式推翻。”

“如果你看到有人成功地获得他想要的事物，你会怀疑他缺乏做这件事的能力吗？”

“一点也不会。”

“因此每个人都应该清楚什么是自己能够做到的，什么是自己的弱项，无法做到。”

“我承认。”

“那么，你是否还记得我们从前面的论证得出的结论：意愿在人类的各种追求中起作用，它的所有努力都直接指向幸福。”

“我记得，这个结论已经证明。”

“还有，你是否还记得幸福就是善本身，因此人类追求幸福也就是在追求善？”

“我根本不需要回忆，因为我已经把它牢牢地固定在我的记忆中。”

“因此，所有人，无论好坏，无论通过什么样的努力，总是为了争取达到善的境界。”

“确实如此。”

“但是，人通过获得善而变善，这是肯定的。”

“当然。”

“好人是否获得了他们追求的东西？”

“似乎如此。”

“如果坏人获得了他们追求的东西，也就是善，那么他们就不可能是坏人了。”

“确实如此。”

“既然双方都在追求，但是前者获得而后者落空，那么还会有人怀疑善是有力量的，而邪恶是虚弱的吗？”

我说："如果真有谁在怀疑，那么他可能既没有考虑到万物的本性，也没想到上面的论证所得出的结论。"

她说："还有，假定有这么两个人，要求他们做同样简单自然的动作，其中一个通过使用适当的天生的能力做到了，另一个不能发挥天生的能力，而是以一种不同于本性的方式来做，最后也没有完成要求他做的动作，只是模仿那个成功的人，你认为两个人当中哪一个比较有力？"①

我说："我虽然能够猜出您的想法，但我更希望直接清楚地听您解说。"

"你不会否认走路对人来说是一种简单自然的行动吧？"

"绝对不会。"

"你当然也不会怀疑执行这个行动是双脚的天生的功能吧？"

我说："我也不会怀疑。"

"那么，如果一个人有能力移动双脚，也就是走路，而另一个人的双脚缺乏这种天生的功能，只好学着用双手行走，他们中的哪一个可以正确地被认定为比较有力呢？"

我说："让我来补充剩下的论证吧，没有人会怀疑那个

① 这里一节提到的"本性"(natura)，根据语境也翻译为"天生的""自然的"。

能够使用天生功能的人比那个不能做同样事情的人有力。”

“至善对好人和坏人提出了同样的要求，好人通过美德这个天生的功能追求善，而坏人仅仅试图通过自己摇摆不定的欲望获得它，这就不是通过天生的功能来获得善了；或者说，你有其他想法？”

我答道：“绝对没有，因为结论同样非常清楚。从我已经赞同的这些命题出发必然可以推出：善是有力的，恶是虚弱的。”

她说：“你正确地先行了一步，这是医生通常所希望的，这是一种恢复本性和有了抵抗力的迹象。鉴于你已经急不可耐地准备学习更多的东西，我将把许多论证同时堆放在一起。你要看清腐化的人有多么虚弱，他们天生的倾向对他们威逼利诱，他们甚至不能到达他们想要去的地方。如果他们被剥夺了这项巨大的、几乎不可战胜的帮助，失去了本性的引导，那么情况会如何？我也请你考虑一下扼制着坏人的这种软弱无力有多么大的作用。他们不能获取和占有他们当作奖赏来追求的东西，它们可不是微不足道的东西或者玩具①；他们失败的原因在于他们追求的东西关

① 维吉尔：《埃涅阿斯纪》第 12 卷，第 764 行以下。

系到万物的总和与顶点，恶人即使夜以继日地力争也无法实现他们的目标；而在这件事上好人的力量清楚地凸显。在走路这件事上你能判断谁是最有力量的人，他用脚行走，能够走到任何遥远的地方，没有任何地方是他不能去的；同理，如果有人获得了超越一切、万物都在追求的终极目的，那么你会判定他就是最有力量的人。所以我们得出一个反命题：恶人同时也是缺乏所有力量的人。他们为什么要放弃美德而追求邪恶？这是因为他们不知道什么东西是好的、善的，世上还有什么事情比无知的盲目更加软弱？或者说他们知道应该追求什么，但是欲望的紊乱却引导他们轻率地误入歧途，是吗？如果是这样，那么他们意志薄弱，缺乏控制力，不能抵抗罪恶和堕落。或者说，他们弃善从恶是清楚明白的，是自愿的吗？如果是这种情况，他们不仅不再‘是有力量的’，而且完全不再‘是什么东西’。因为如果有什么东西放弃了一切‘是什么’的万物共同的终极目的，那么，他们同时也就停止了‘是什么’。①

① 此处及下文中涉及“是”的原文都是拉丁文“esse”及相关衍生词，它就是拉丁文的系动词，类似于英语的“to be”。简单地说，它指示出一个事物的本质和属性。在哲学史中，它也常常被翻译为“存在”，但在本节中作者更多强调一个事物的本质（是其所是），而非其存在。因此，译文采用了“是什么”“是其所是”等译词。“不是”（non esse），在拉丁文中也有“无”（nihil）的意思。

“这在有些人看来确实非常奇怪，我们说恶人什么都不是，因为在他们眼中恶人可是人类中的大多数啊！但事情就是这样。对于那些恶人，我不否认‘他们是邪恶的’；但对于单纯的‘他们是什么’，我完全予以否认。就好比你可以称一具尸体是‘一个死去的人’，但你不能简单地只是称它是‘一个人’，所以我勉强称‘他们是邪恶的人’，因为他们确实是邪恶的，但我不承认他们绝对地‘是’。因为一个东西的‘是’使它得以保持自身在万物中的秩序并且保存自身的本性；无论什么东西自身离弃了这个本性，那么它也就同时完全放弃了‘其所是’，因为‘是’内在于其自身的本性之中。但你或许会‘说恶人能做某些事情’。我当然不会否认这一点，但他们的这种能力不是来自他们的‘强大’，而是来自他们的‘虚弱’。他们确实能够做邪恶的事情，如果他们能够坚持做好事，那么他们就不能做这些邪恶的事了。他们确实拥有这种能力，这就更加清楚地表明他们真正能做的事情是‘无’，因为我们刚才得出结论认为‘恶就是无’，既然他们只能作恶，那么很明显，邪恶的人只能做‘无’，也就是什么都做不了。”

“非常清楚。”

“你或许理解了他们这种力量的本性是什么，记得我们不久前得出过结论：没有任何东西比最高的善更有力量。”

我说：“确实如此。”

“但最高的善不能作恶。”

“一点都不能。”

她问道：“那么还有谁会认为人能做到一切？”

“谁都不会，除非他疯了。”

“然而，人能作恶。”

我喊道：“但愿他们不能！”

“因此，能做一切的、万能的至善只能做好事，而不能做到一切的人类能做恶事，既然如此也就清楚了，同是这些能做恶事的人类能做的事情比至善少。还有，我们已经表明一切力量都包含在被欲求的、值得做的事情里面，并且这些事情都与善联系在一起，就如与它们的最高本性联系在一起。但是，作恶的能力不可能与善联系在一起，因此作恶的能力不是被欲求的、值得要的东西。然而，所有的力量都是被欲求的，因此作恶的能力显然不是一种力量。好人拥有力量，而恶人无疑只是软弱无力；这一点很清楚，柏拉图的见解显然也是真的，只有明智的人能做到他们想做的事情，而奸邪小人能表演使他们高兴的事情，却得不到他们想要的东西。他们也做你喜欢的事情，以为通过这些令他们高兴的事情能获得他们欲求的善；但是他们得不到，因为可耻的勾当对于幸福无益。”

君不见傲慢君主高坐王位，
紫袍夺目，容光焕发，
林立的兵器将他们遮挡，
他们严酷的外表令你恐惧，
他们内心的狂暴使你喘息；
一旦有人剥去这些傲慢君王华丽的外衣，
立刻可见他们内里背负着紧缚的锁链；
情欲用毒药般的贪婪扰乱他们的内心，
愤怒像旋风激起波澜鞭挞他们的思想，
封闭的悲伤和溜走的希望使他苦恼，
所以你看暴君只有一个脑袋，
却有诸多苛刻的主人将他逼迫，
无法做他自己想做的事情。

三

“邪恶在什么泥潭里沉湎，良善以什么样的光芒闪耀，你都明白了吗？好事永远不缺奖赏，坏事永远不缺惩罚，这是显然易见的。对于人们采取的所有行动来说，我们可以直接看到每个行动的目的，它同时也就是行动的奖赏，以赛跑为例，获得胜利花冠作为参加这场比赛的目的显然就是奖赏。但我们表明幸福就是善本身，善就是人做任何事情的目的。因此善本身可以被视为人类行动的共同奖赏。而且善不能与好人分离——谁缺少良善，谁就不可以再确切地被称为‘好’——所以，好的行为总不会遗漏应得的奖赏。所以，不管恶人有多么狂暴，明智之人头上的桂冠永不坠落，永不枯萎；他人的邪恶永远不能从善的灵魂那里夺去它们固有的荣光。如果有人为从别人那里得到的东西感到欣喜，那么其他人，甚至那个给与者，必定能将该物再次夺走。如果把良善赠与每个人就是对他的奖赏，那么只有在他不再为善时他的奖赏才会失去。最后，人们追求奖赏是因为人们相信奖赏是好的，谁会以为拥有善的人毫无奖赏？那么奖赏是什么呢？它是万物中最伟大和最美丽的；记住我不久前当作一件极好的礼物送给你的那个推论①，它是这样总结的：善本身就是幸福；显然所有好人都是幸福的，因为他们是善的。而且我们都同意，幸福的人

① 参考本书第三卷，第十章。

是神明；因此成为神明就是好人的奖赏，不随时间而减少，无人有权使它变小，无人能用邪恶将它遮掩。对于好人来说事情就是这样，同理，聪明人也不会怀疑恶人与惩罚不可分离。善与恶，惩罚与奖赏，都是相互对立的，在某个例子里面我们看到好人得到奖赏，那么以相反的方式，在某个例子中必然看到坏人受惩罚。一如良善自身就是给好人的奖赏，罪恶本身同样就是给奸邪之人的惩罚。既然如此，无论谁受到惩罚，他无疑也要饱受恶的折磨。因此，假如他们愿意评价自己的状况，那么这些人会不会认为自己没有受到惩罚呢？实际上，奸邪不义——一切邪恶中最坏的——不仅会影响他们，甚至会可悲地感染他们。

“但是通过与好人的情况作比较，你来看坏人会受到什么样的惩罚。就像你前不久所学到的，每一个存在的事物都是‘一’，而‘一’本身是善；从中我们推论：每一个事物只要存在，它就是好的。因此无论什么事物遗弃了良善，它就不再存在；所以恶人不再是他们曾经所是——他们曾经是人，这表现在他们迄今还以人类身体的形式存活——因此他们在转向奸邪之道的同时失去了他们的人类本性。只有善能把人提高到超越人类的境界，我们也必然推出，邪恶把那些被它拖落的人从人类状态往下挤压，他们已经不配用‘人’这个名字。由此可见，对于那些在你眼前因作恶多端而变形的，你切不可断定他为人。抢占他人财富的暴力掠夺者，因其贪婪而焚烧房屋，你或许会说他像一头狼。蛮不讲理、争吵不休的人在辩论中运用他的喉舌，你会把他比作一条狗。隐秘的骗子沉醉在行骗成功的喜悦中，你就让他和狐狸作同类吧。谁不能管住自己狂怒的吼叫，就让大家认为他被狮子的精灵附身。惧怕那些并不可怕的东西的胆小鬼，就把他当作一只獐鹿。那个愚蠢的懒鬼已经麻木了，他过着蠢驴的生活。经常变换追逐目标的轻浮者和善变者，他与鸟雀无异。在丑恶和污秽的欲望泥淖中沉浮的人，被一只肮脏的母猪所享受的快乐紧紧抓牢。所以谁背离了善，谁就不再是人，因为他不能超越人性而进入神性的状态，反而变成了一只野兽。”

奥德修斯[①]座船
和他漂洋过海的舰队，
被东南风吹至仙岛，

---

① 原文拉丁文是“Vela Neritii ducis”，字面意义是“涅里托斯船长的船”，因为奥德修斯的家乡伊萨卡岛（Ithaca）有一座山叫涅里托斯（Neritos）。这个称呼来自奥维德。

美丽的女神在此居住，
她从太阳神的种子长成。
用一只施了魔法的杯子，
为每位客人斟酒，
她那惯于调药的双手
把他们的身形变换：
这个变成野猪，
那个变成非洲的狮子，
长出了尖牙利爪；
另一个变成了一只狼，
刚刚想要哭泣，却变成了嚎叫；
还有一个变成了印度虎，
绕着屋子老实地走动。
但是，有力量的阿卡迪亚的飞行者①
同情这位正受不同疾病困扰的船长，
把他从主人的毒药中解救出来，
然而他的船员的喉咙
业已饮尽邪恶的饮料，

① 指墨丘利（Mercury）。

就如喝酒一般，
他们手中的面包变成了橡果，
他们的声音和身体都发生了变化。
只有他们的心灵还保持原样，
哀叹自己变成了怪兽的模样。
啊，过于软弱的双手，
无力的草药！
它们的魔力虽然能够作用于人的四肢，
却不能改变人心。
人的力量就在人心之中，
那里有隐秘的堡垒将它保存。
但邪恶的毒药确实更有力量，
把人的本性向下拖曳——
多么可怕！——深深地沉沦，
身体虽然未受伤害，
心灵却遭残酷创伤。

四

我说：“我承认，在我看来这样说并不为过，奸邪之人虽然保持了人的躯壳，但在心灵方面已经变成了禽兽；然而我真的希望，即使这些野蛮和邪恶的心灵狂妄地想要毁灭良善，但在他们的力量范围内他们做不到这一点。”

“我们将在恰当的时候表明这是不可能的；如果剥夺了他们所谓的力量，那么也将在很大程度上减轻对这些奸邪之人的惩罚。这在有些人看来也许难以置信，实际上，当奸邪之人费尽心思获得他们所欲求的东西时，他们必定比未能实现欲望时更加不快乐。如果说有作恶的愿望是悲惨的，那么有作恶的能力就更加可怜，因为要是没有能力，邪恶的意愿就不会有结果，就会遭到可悲的失败。所以，这些事情都有各自恰当的可悲程度，如果你看到谁想要作恶、能够作恶而且还真的作恶，那他就要承受三倍的不幸了。”

我说道：“这个观点我赞同，但是我非常强烈地希望有人剥夺他们作恶的能力，他们也好迅速脱离不幸。”

她说：“他们最终会摆脱的，比你想象的还要快得多，也许比他们自己想象的还要快。因为在这短暂的一生中，没有什么东西会来得这么迟；我们尤其要想到死亡是永久的，乃至于人类的思想会认为需要等待很长时间。他们巨大的野心和绝顶的邪恶诡计会突然被摧毁，其终结一般都出乎人们的意料；这就在实际上给他们的悲惨结局设定了期限。如果邪恶使他们变得可怜，那么长时间的堕落就更加悲惨。我要断定他们是人类中最不幸的人，但至少最终的死亡还是为他们的邪恶设定了期限；如果我们真的得出了正确的结论，不幸与作恶如影随形，那么他们的悲惨显然是无限的，我们同意无限也就是永久。”

我说道：“这真是一个令人惊讶的结论，虽然不太容易接受，但我承认它与我们早先赞同的观点吻合得相当好。”

她说：“你的想法是对的，要是有人认为这个结论难以接受，那么恰当的做法有两个：要么证明前提中有虚妄的地方，要么表明前提之间的联系不能得出必然的结论。否则的话，如果承认所有前提为真，那就绝对没有理由拒绝该结论。我还要告诉你一个结论，它可能看起来同样令人惊讶，然而它也是从那些已经被我们承认为真的事情中必然地得出来的。”

我问道：“什么结论?”

她答道：“奸邪之人受到惩罚比未受到正义所要求的惩罚更加快乐。我现在不是在努力论证任何人心中都可能出现的一种观点，即依靠报应来惩戒邪恶的行为，并用惩罚的恐怖将其带回正道，这也可以作为儆戒来告诫其他人应该避免做任何有罪的事情；但我要说的是另外一种方式:

如果不受惩罚，奸邪之人就会更加不快乐，哪怕没有报应的惩戒、不把它作为儆戒来考虑。”

我问道：“除了这些方式，还会有其他方式吗？”

她答道：“我们不是已经承认好人是幸福的而恶人是悲惨的吗？”

“是的。”

“如果给某人的可悲境遇上添加一些好处，那么比起那个只有可悲而无一点好处的人，他不是要快乐一些吗？”

“似乎如此。”

“假设对同样一位可悲的人，他缺乏任何一种善，要是在导致他不幸的邪恶之外再添加另一种恶，那么与那个由于分享了善而从不幸中解脱的人相比，我们不应当认为前者远远不如后者快乐吗？”

“的确如此。”

“但是显而易见，邪恶之人受到惩罚是正义的，而他们逃脱惩罚是不义的。”

“谁又能否认这一点呢？”

她说：“也不会有任何人否认这样一个结论：任何正义的事物都是善的，任何不义的事物都是恶的。”

我回答说这一点很清楚。

“因此恶人受到惩罚是把善加在他们身上，也就是说处罚本身是正义的，正义是善的；同理，当恶人没有受到惩罚而得以继续作恶，那么他们就要背负更多的罪恶，而你已经承认这种事情是恶，因为它是不义的。”

“我无法否认这一点。”

“所以，要是允许恶人得到不义的赦免，他们就会比那些得到正义的回报受到惩罚的人更加不快乐。”

我说：“这些事情确实可以从刚才的结论中必然得出。但是我现在想问您的是，您不是为那些肉身死亡之后的灵魂准备好了惩罚吗？”

她说：“是的，这种惩罚实际上极为严厉，我想它们中的某些要接受严酷的刑罚，而其他一些则要接受仁慈的净化。但是按照我的安排，现在还不是讨论这些的时候。

“我们迄今为止的目标是让你认清奸邪者的力量实际上是虚无的，尽管他们的力量对你来说似乎最无法忍受；其次，我要让你明白，你从前抱怨的未受惩罚的人永远不会免受惩罚，因为这是对他们的邪恶的报应；再次，我要让你知道，你祈求尽快结束的对恶人的放纵不会长久，这种放纵越是延续，他们就越不幸福，如果它是永久的，那么他们就达到最大的不幸了；最后，如果允许恶人由于不公正的赦免而逃脱，他们比起接受正义报应的惩罚的人更不幸福；在他们以为得以免受刑罚时，会有更加沉重的惩罚施加到他们身上。”

我说：“当我思考你的论证时，我觉得没有比它更加真实的陈述了，但是假定我再次转到那些对人类的判断，对有些人来说，它们会不会不仅不值得相信，甚至不值得一听?”

她说：“确实如此，因为他们不能抬起习惯于黑暗的双眼看到指明真理的光明，他们就像那些鸟雀，夜间眼睛雪亮，白天双目失明。他们不去关注世界的法则，而是关心自身的欲望，他们以为这种作恶而又不受惩罚的自由是一件快乐的事。

“但是看一看永恒的法则做出了哪些规定吧。假定你已经使你的心灵适合较好的事物。我们不需要一名法官来颁授奖赏，你要使自己融入那些更加优秀的东西。假定你已经转向那些比较坏的事物，那么你瞧，不是无人惩罚你，你已经在把自己往低级的事物里面推；如果你轮流看两样东西，时而注视肮脏的地面，时而注视天空，抛开其他所有外部的景象，以你的视觉为依据，你会觉得自己好像时而置身尘土，时而位列星辰。但是，牲畜是不会抬头向天上仰望的；那么好吧，既然我们已经说明他们就像一群野兽，我们还要与他们为伍吗？假定有一个人完全丧失视力，甚至忘记自己有过视力，并且认为自己不缺乏任何使自身完美的东西，那么我们这些明眼人当然不会拥有这个瞎子这样的看法，是吗？他们甚至不会赞同这个基础相当牢固的观点，那些行不义的人要比受其折磨的人更不幸福。”

我说：“这正是我想要听的论证。”

她说：“你不否认每一个恶人都应当受到惩罚？”

“一点也不否认。”

“很多方面都明确显示那些恶人是不幸的。”

我说：“是的。”

“所以，你不怀疑那些应受惩罚者是可悲的？”

我说：“我同意。”

“现在，如果你像一名法官高高在上，你会认为哪一个应受惩罚，那个犯下不义之罪的人，还是那个受到恶行折磨的人？”

“我无疑应当用作恶者的痛苦给受害者以满意的补偿。”

“所以在你看来，行不义者比承受不义者更加悲惨？”

我说：“确实如此。所以根据同一法则，由于这样或者那样的原因，不诚实依据它自身的本性必定会造成人的不幸；对任何人行不义之事也就意味着行不义者的不幸，而不是承受不义者的不幸。”

“然而，如今有许多诡辩家选择了相反的路线。他们试图说服法官怜悯那些受到残酷的、难以忍受的不义行为折磨的人，然而更加公正的做法应当是把怜悯给予那些犯罪者，他们应当被友善而仁慈的被告、而不是被愤怒的被告、带到法官面前，就像带领病人去看医生一样，以便通过惩罚可以除去他们的病症。以这种方式，辩护律师的工作将完全失效，或者他们要是更愿意助人为善，他们的角色就应该转变成好的指控人。而对于那些恶人，如果让他们透过一丝缝隙看到早已被他们遗弃的美德，再让他们通过受惩罚的痛苦看到自己将会放弃的恶行的污秽，那么把受惩罚与获得良善的好处相比较，他们就不会把惩罚当作痛苦，并且会拒绝辩护律师的努力，把自己整个儿地交给他们的原告和法官处置。因此，在明智的人那里根本就没有为仇恨留下任何余地；除了十足的傻子，谁会仇恨好人？然而，仇恨恶人也缺乏一切理由。就像软弱无力是身体的一种疾病，任何恶行都是心灵的一种疾病，既然我们想到根本不应该仇恨身体生病的人，而是应当同情他，那么心灵受到邪恶虐待的人就更值得我们同情而不是迫害，因为心灵受到的虐待比任何身体的软弱还要残酷。

你为何乐于煽动巨大的骚乱，
亲自邀请自己的宿命？
如果你寻找死亡，
它就会完全自愿向你靠近，
绝不会放慢它飞驰的马车。
人被毒蛇、狮子、老虎、黑熊、野猪的獠牙猎食，
然而人也用利剑彼此猎杀。
是因为他们的习俗有异，
所以不义地发动一场又一场残忍的战争，
各自手握武器甘愿赴死？
残忍的推理不够正确；
你能公正地赏罚人之功过吗？
所以要热爱好人，怜悯恶人。

五

接下去我说："我看到在诚实者与不诚实者的功过中暗含了什么样的幸福和不幸。而且据我思考，甚至在有关命运本身的流行观念中也含有幸福和不幸；因为没有一个聪

明人会自愿成为一名被放逐者，遭受贫穷并且失宠，而不愿住在自己的城邦里飞黄腾达，由于财富而享有权力，由于荣耀而受到尊崇，由于当权而势力强大。这是在以一种更加明显的方式实践智慧，当时统治者的幸福会以某种方式转移给他们的臣民，尤其是当时的法律规定的监禁、死亡和其他惩罚的痛苦都属于邪恶的公民，这些东西正是为他们而设。但是现在不知为什么是非颠倒，本应归于邪恶者的惩罚反过来迫害良善者，邪恶者抢夺了本应属于美德的奖赏，我非常认真地想要知道其中的原因，渴望你能帮我弄清如此不公正的混乱还会有什么样的解释。当然了，如果我相信一切都被偶然的运气弄得一团糟，那么我应该少一点惊讶和追问。然而实际上，上帝是统治者的信仰增加了我的惊讶。上帝经常把喜乐授予好人，把痛苦授予坏人，但另一方面，他又经常给把磨难作为报酬给予好人，把坏人想要的东西给予坏人；既然如此，除非我们发现背后的原因，否则我们不知道为什么他的统治看起来与偶然的运气无异？”

她说：“这没什么好奇怪的，如果认为某个事物是偶然的、混乱的，那是因为其背后真正的法则还没有被认识。而你虽然不知道这个伟大的秩序的原因，也不要怀疑万事万物都已经被安排妥当，真的有一位善的统治者使这个宇宙井然有序。”

如果不知大角星所在的星座[①]
如何紧挨天庭的顶点移动，
或不知牧夫座为何跟随北斗星
缓慢地将其火光沉入海底，
而其升起又是如此迅速，
那么他会对上苍的法则感到惊骇。
让满月的尖角变得苍白，
浓厚的夜幕使它朦胧不清，
让朦胧的福柏[②]发现
隐藏着的脸庞羞怯的星辰；
民众的错误扰乱了国家，
不断的打击使青铜器皿磨损。[③]
无人对吹拂的西北风感到惊讶，

① 指大角星所在的牧夫座。

② 福柏（Phoebe）即月亮女神阿耳忒弥斯。

③ 这里提及的是一次月食，月亮隐入地球的影子，罗马人恐惧这个征兆，通过敲击器皿发出巨大响声。参阅塔西佗：《编年史》第 1 卷，第 28 节。

它推动着隆隆的波浪拍击海岸，
无人对厚重冰冷的白雪感到惊讶，
只有福玻斯的温暖将它慢慢融化。
这里的原因容易看清，
而隐藏的原因会扰乱人心；
时间长河带来的一切罕见的事物
所有未曾预料到的东西，
都会惊吓激动的民众。
让乌云密布的无知的谬误让位，
让它们看上去不再令人惊讶。

六

我说："确实如此。但是，既然您的职责是揭示那些隐秘事物背后的原因，展示处在迷雾中被遮蔽的解释，那么我请你解释一下你从这件事情中得出的结论，因为我提到的这件异事给我带来极大的困扰。"

她微笑着说："你请我论述的问题是我们探讨的所有问题中最重要的，这个问题如此宏大，几乎没有任何论文足以详尽无遗地将它解释清楚。它是这样一种问题，一个疑点解决了，无数疑点在原来的地方冒出来，就像长着许多脑袋的许德拉[①]；如果无人能用最活跃的思想之火将其镇压，那么它们也就失去了限制。这个首要问题涉及天意的单一性、天命的进程、偶然性的无常、上帝的知识和预定、自由意志，等等——你非常清楚这些问题的分量。你也应当知道这些东西也是你的治疗的一部分，尽管我们被限制在一个勉强够用的有限时间里，我们仍旧应当对它们进行探讨。假定音乐和歌曲会使你喜乐和满足，你仍旧必须推延这种享受，因为我为你编排了一系列紧密相连的、次序合理的论证。”

我说：“只要您高兴，我愿听从您的安排。”

接下去，就像从一个新的起点启程，她作了如下论述：“万物的生成、可变的自然的整个发展，以及以任何形式运动的事物，它们的原因、秩序和形式都是由恒定不变的神圣的心灵赐予的。这个心灵牢固地在其自身单纯本性的城堡里安身，建立了一切事物的行为方式。这个方式，当它在绝对纯粹的神圣的理智[②]中被沉思的时候，就叫作天意[③]；而当我们提到它驱动和安排的事情时，古人把它称作

① 许德拉（Hydra）是神话中的毒蛇，被赫丘利所杀。

② 神圣的理智指上帝的理智。

③ 天意（providence），意为“上帝的安排”“神的眷顾”“神的旨意”，有的也译为“天佑”“天命”等。本书译为“天意”。

天命[①]。如果有人用心研究这两个名称的性质，那么它们之间的差异显而易见：天意是神的理性本身，位于万物的最高统治者身上，安排万事万物之存在的正是这个理性；而天命是流变的万物内在的一种配置，天意通过天命将万物聚集在一起，其中的每一样事物都有其适当的秩序等级。天意包含万物为一体，哪怕万物各有不同，无穷无尽；而天命安排这些独立的事物，把地点、形式和时间分配给它们；所以万物在时间序列中展开，并在神圣心灵的预见中统一，这个统一就是天意，而这个统一体在时间中的分配和展开就叫作天命。

“我们现在知道天意和天命彼此有别，但又相互依赖；天命秩序的展开从单纯的神性出发。例如一名工匠首先在他的思想上构思想要制作的东西的形式，然后将其付诸实施，在时间中一步步地制作出他刚才瞬间想象出来的东西，同理，上帝依靠天意以一种单一不变的方式安排要做的事情，而上帝依靠天命在时间中展开和完成他刚才所安排的事情。不管天命的工作是由某些作为天意仆人的神性精灵代理，不管天命的进程是由灵魂来服务还是整个自然来编

---

① 天命（fate），原意为宿命、天数、命运、命中注定的事，译为天命以区别于“天意”。

织，不管是否依靠天上星辰的运动，不管是否依靠天使的力量或恶魔的别出心裁，不管依靠什么，甚至依靠所有这些事物，但有一点是清楚明白的，上帝创造万物依靠的那个不动和单纯的形式就是天意，而天命就是万物的变动交织和时间序列，单纯的天意决定了天命的安排。

“所以，天命掌管下的万物同时受天意支配，甚至天命本身也是从属于天意；但有些事物处于天意之下，却在天命的进程之上。这些事物被固定在主要的神的近旁不动，所以它们超越了天命的运动本性的摆弄。这就像许多的圆球围绕着一个中心旋转，最里面的一个朝着中心不断逼近，成为其他圆球的轴心，而其他圆球在它之外，围绕它转动；但是最外面的圆球沿着一个更大的圆周旋转，它离开中心点越远，它穿越的空间越宽广；而且如果有什么东西参与或加入中心，就会融入单纯的中心，不再是自己；与此相仿，离开主要的心灵最远的事物被天命之网纠缠，一个事物越是不受天命摆布，它朝着万物之中心的运动也就越近。如果它能紧紧跟随稳定不变的最高的心灵，那么它也将不再变动，超越于必然的天命之上。因此，就像推理相对于理解、潜能相对于现实、时间相对于永恒、圆周相对于圆心，流动的天命相对于单纯不动的天意也是这种关系。天命的进程推动着苍穹和星辰，把各种元素按比例混合，并通过使它们相互替换而改变它们的形状；天命使必定要经历生死的万物重新开始，通过与它们相似的幼仔和种子的成长而世代更迭；天命也把人类的行为和运气用一条牢不可破的因果之链捆绑起来，组成这条锁链的诸因果都起源于不变的天意，所以它们本身也必定是不变的。如果万物以下述方式被统治，那是最好的：从单纯的神圣心灵产生出一条不可更改的因果序列，这一序列又以自身的不变性约束无常的万物，否则它们将在偶然性的洪流中沉浮。

“虽然在你看来万物也许很乱、没有秩序，就像你没有能力去沉思和预见这个秩序，但万物自有分寸把自己引向安排了它们的善，事实正是如此。因为没有事情以恶为目的，即使邪恶之人也不为之；如我们在前面非常充分证明过的那样，但他们在追求善的时候，被邪恶的谬见扭转了方向而远离了善，也远离了那个从至善的中心而来的秩序，并且从各种方向背离了起源。但你也许要说事物对好人展现出好坏两面，对坏人也是如此，都有欲求的和厌恶的事情降临在他们身上，还会有比这更不公正的混乱吗？那么人真的按照这种被他们判断为好的或坏的健全的理智活着，这样的理智必然会像他们所想的那样吗？在这个重要问题上，人们的判断互相冲突，总有某些事物有人判定它们值得奖赏，而有人判定它们应受惩罚。

“但是让我们退一步假设，有人能够辨别好人与坏人。他是否因此真的有能力看清人心的内在品性呢，就如有人用‘品性’这个词来谈论身体一样？这种情况与下述事实没有什么不同，它对于无知者来说都是不可思议的：为什么身体同样健康的人，有些人认为甜的东西有些人认为是苦的，或者身体同样患病的人有些靠温和的药物治疗，而有些要靠猛烈的药物。可是医生对此不会表示惊讶，因为他能辨别健康和疾病的种类和性质。除了善，你认为还有什么东西是心灵的健康？除了恶，你认为还有什么东西是心灵的疾病？除了上帝，你认为还有谁既是善的事物的保护者和恶的事物的清除者，又是人类心灵的统治者和治疗者？当他从高耸入云的天意的瞭望塔往外看时，他能看到适合每一个体的安排。当上帝知道并且完成了那个天命的序列，无知者会感到吃惊，这种事现在正在发生。

“让我们来看人的理智能够把握的几个例子，以此表明上帝的奥秘，你会认为他们是最公正的人和最伟大的正义保护者，而在无所不知的天意看来，似乎相反的结论才是真的。我们的学友卢坎提出，征服者恺撒的动机让众神喜悦，而被征服者的动机让加图喜悦。① 所以你看，与你的期待相矛盾的尘世间发生的事情，实际上就是正确的天命序列，哪怕按照你的意见这是不应当有的混乱。然而，设想有这么一个人，他被造得非常完善，乃至于上帝和人们对他的判断总是意见一致，但他的思想力是软弱的；如果有任何不利的事情发生在他身上，他多半会停止维护自身的清白，因为他无法用恰当的方式来保持自己的好运。所以，明智的天意让那即将遭殃的人免受灾难，让不应当受折磨的人免受折磨。再设想另外一个所有美德都非常完善的人，一个神圣的、接近上帝的人；天意审判认为这样一个人如果会遭遇任何灾祸那都是亵渎神圣的，因而天意甚至不允许他受到身体疾病的打扰。就像一个甚至比我还要优秀的人曾经说过的那样：'圣人的身体确实是上苍的造物。' ② 但是，有关人类事务的最高旨意经常颁布给好人，以便击退日益激增的邪恶。有些人，天意根据他们心灵的品质，给他们一个恰当的混合了好与

---

① 参阅卢坎：《法塞利亚》(*Pharsalia*) 第 1 卷，第 128 行。卢坎（Lucan）即诗人卢坎努斯（Lucanus）。

② 该处原文是希腊文，出处不详。

坏的命运；有些人，天意使他们苦恼，免得他们因长期的顺利而变得缺少节制；其他一些人，天意允许他们遭受苦难而烦恼，以便使他们的心灵美德在使用和实践中变得更加强壮。有些人过于害怕他们能够承受的事物，而有些人过于轻视他们不能承受的东西——对于这些人，天意苛刻地对待他们，引导他们，考验他们。有些人以牺牲为代价换来了在人世间受到尊崇的名声；有些人在苦难中坚贞不屈，为他人树立了不向邪恶屈服的榜样。没有人会怀疑这些事情是正确的，顺从了至善的安排，并且与他们所遭遇的事情本身的善相一致。因此，恶人有时受到苛刻的对待，有时又实现了他们的欲望，其原因是相同的。对于恶人受到的苛刻对待无人会感到奇怪，因为所有人都认为他们罪有应得——而且他们所遭受的痛苦既对其他人形成威慑，使其他人远离犯罪，又制止了那些邪恶的倾向——但是他们享受到的好运却在好人中引起了极大的争论：他们应该怎么评判这种好人都能看到的，那些恶人经常享有的顺利和繁荣。在这个问题上，我认为这也是天意安排好了的。有人本性顽劣和残暴，他们对财富的渴望极有可能促使他们去犯罪；而天意以提供金钱为良药，治疗他们的疾病。有人看到自己的良心被自己的罪行玷污，对照自己的品质和运气，他害怕有一天会失去快乐的享受，这对他来说太艰难了；所以他会改变自己的行为，并且在害怕失去好运的时候放弃作恶。不应享受的顺利和繁荣会使某些人陷入灾难，使他们死有余辜。有些人则被授予惩罚他人的权力，让他们可以赏善罚恶。就如诚实者和不诚实者之间不能达成协议，不诚实者之间也不能达成一致。既然他们彼此意见不合，甚至与自己都不能达成一致，那么在他们的良心都已被邪恶撕碎的时候，在他们经常做一些自己都不明白是否应该做的事情的时候，他们怎么能够达成一致呢？

“另外，至高的天意常常制造一个惊人的奇迹：坏人使坏人变好。某些坏人认为自己正在比自己还要坏的坏人手里蒙受不公，内心十分厌恶那些伤害自己的坏人，这个时候他们自己也就重新获得了美德，试图使自己不同于他们厌恶的那些人。唯有上帝具有这样的本质，对神来说，甚至坏人也是好的，因为通过对他们的适当利用，可以提炼出一些善果。存在着一个包含万物的确定的秩序，原来处于这个秩序中的某物离开了它的统领，虽然它滑入另一种境遇，然而那另一种境遇也是秩序，所以在天意的王国里，没有任何事物会陷入偶然。

“‘但可悲的是，我要像神明一样谈论这一切。’[①] 不允许人类用天生的能力理解上帝的全部工作和谋划，也不允许人类用语词来表达。人类有限的能力只能认识到：一切生灵的创造者上帝，指引人类趋向为万物规定秩序的至善，上帝在刹那间创造出万物的形状，他时常记挂那些按照他自己的形象而创造出来的被造物，他用必然的天命将一切邪恶清除出他的国度。所以，如果你注意到天意的安排，观察遍布世间的事物，你会断定在它们中间，在任何地方都没有恶。现在，我看到你由于长时间地提问，论证又十分冗长，业已十分疲倦，正在期待甜美的诗句；所以畅饮一口吧，它会使你恢复精力，以便走得更加扎实，更加深远。”

如果你愿意用纯洁善察的心灵
察看高天雷神的法则，
必须举头凝视天堂的顶点；
星辰在那里保持着远古的和睦，
遵循着宇宙公正的契约。

① 荷马：《伊利亚特》第 12 卷，第 176 行。

太阳的红色怒焰
不能阻拦月神冰冷的战车，
飞速旋转的大熊星座，
行进到宇宙至高的极点，
它不会淹没在西方的深渊，
虽然它也看到其他星辰沉没，
哪怕它渴望将自己的火焰投入大海。
时光的交易始终公平，
昏星宣告夜晚来临，
晨星领回白昼和煦。①
相互热爱使永恒的运动常新，
在星辰密布的区域
不和谐的战乱遭禁。
和谐规范着这些元素
以相同的尺度，
潮湿为敌对的干燥让位，
冰冷与炎热结盟。
下垂的烈火向高处腾飞

① 昏星和晨星其实都是金星。

沉重的泥土因自重而向下沉。
就是这些原因在解释，
为什么春天温暖，
散发香气的鲜花盛开，
炎热的夏天烤干了庄稼，
秋天带着沉重的果实回归，
冬天降雨浇灌了大地。
恰当的比例滋润和养育了万物，
它们的生命在大地上，
捕捉、承担、隐藏它们的是同样的秩序，
在最后的终点埋葬出生的一切。
造物主坐在高处统治宇宙，
约束着它的激情，
他是万物之王，万物之主，
万物之源泉，万物之开端，
万物之法则，万物明辨是非的法官，
那些受他召唤但行动退缩者①，
他命其停止，阻其徘徊；

① 即行星。

如果没有把它们召回正确的道路，
他会强令它们再来一次循环，
紧紧掌握万物的稳定秩序
会有一天分崩离析，从源头化成碎片。
万物共有的爱
使它们祈求受到良善的束缚，
如果在返回的爱的力量下
它们存在的原因不能回返，
那么它们无法忍受以其他任何方式存在。

七

她说："你现在明白从我们刚才说的事情中可以得出什么结论吗？"

我问道："什么结论？"

她答道："每一种运气都是善的。"

我说："这怎么可能？"

她说："你留心听。既然每一种运气，不论是令人愉快的还是令人困苦的，授之予人，要么是为了奖赏或者锻炼好人，要么是为了惩罚或者矫正坏人，那么每一种运气都是善的，它们要么被认为是公正的，要么被认为是有用的。”

我说：“这个推理确实很对，如果我考虑到您刚才告诉我的‘天意’或‘天命’，我明白这是一种强有力的见解，根基牢固。但是，假如您同意，让我们把它算在您刚刚提出来的那些不可思议的事情里吧。”

她问道：“你为什么这么说？”

“因为人们在日常闲谈中经常说有些人运气就是不好。”

她问道：“那么你是否想要我们在谈话中使用普通人的词汇，免得我们看起来与人们的实际离得太远？”

我说：“请用您觉得最好的方式。”

“你是否认为有益的事情是善的？”

我说：“确实如此。”

“而且那些锻炼或者矫正人的事情是有益的？”

我说：“我同意。”

“所以锻炼或者矫正人的事情是善的？”

“怎能不是呢？”

“但这种情况要么是抵抗厄运时建立美德，要么是抛弃邪恶而走上美德的道路。”

我说：“我无法否认这一点。”

“把令人愉快的运气赐予好人作为奖赏怎么样，普通人会把这种事判定为坏事吗?”

“绝不可能，人们反过来会断定这是非常好的事情。”

“其他事情会怎么样? 尽管很艰难，却用正义的惩罚限制了坏人，人们认为这些事情不是好事，对吗?”

我说:“确实不是好事，人们会认为这是一切能想象的事情中最可悲的。”

“你来看，追随普通人的意见，我们也没有得出任何令人惊讶的结论。”

我问道:“您在说什么?”

她说:“从我们已经承认的事情可以推出，谁确实拥有美德，或者正在美德方面取得进步，或者正在为获取美德而努力，无论得到什么样的运气，那运气都是好的，而对那些坚持邪恶的人来说，无论得到什么样的运气都是坏的。”

“没错，尽管无人敢承认。”

她说:“因此，每当聪明人被迫与命运作斗争，他不应该把运气想象成坏事，就像勇敢者每次听到战争号角吹响就会苦恼一样是不合适的。对这两种情况来说，困难本身就是机遇，后者增进了勇敢者的荣光，前者促进了聪明人的智慧。这实际上就是美德之所以被称作美德的原因，依靠美德本身的力量，美德不会被灾难征服。你行走在美德的道路上，一方面不要被奢侈吞没，另一方面不要被快乐腐蚀。你要与各种运气作艰苦的斗争，免得厄运压迫你或好运腐蚀你。你要坚定地持守中庸之道；无论什么事情过之或者不及都意味着对好运的轻视，而不是对辛劳的回报。你想为自己塑造什么样的命运，全都掌握在你自己手中；因为一切似乎相反的运气，如果不能锻炼人和矫正人，那就是惩罚人的。”

十年征战，
阿特柔斯的复仇之子①，
随着佛里吉亚的陷落，
替他被冒犯了床榻的弟弟②完成了复仇。
他希望希腊的舰队继续航行
用鲜血换取助航的风力，
他改变了父亲的身份，
神情坚定犹如祭司，
以他女儿的喉咙订立契约

① 指阿伽门农（Agamemnon）。
② 指墨涅拉俄斯（Menelaus）。

可怜的姑娘。
伊萨卡的奥德修斯为失去同伴而哭泣，
野蛮的独眼巨人在空旷的山洞中，
把躺倒在地的他们吞入庞大的腹中；
独眼巨人因为眼睛弄瞎而狂怒，
以苦涩的眼泪为先前的享乐付出代价。
艰难困苦成就了赫丘利的名声：
他驯服了傲慢的人头马，
从凶残的狮子那里偷取战利品，
用精准的箭射穿斯廷法罗斯湖上的怪鸟；
从看守神果的巨龙那里抢走果子，
他强健的手紧握金苹果，
用三重的锁链牵来刻耳柏洛斯。
故事讲到他如何打败那匹暴烈战马的主人
并将残忍的主人喂了自己的战马。
许德拉死后毒液在燃烧；
河神阿刻罗俄斯羞于头上的角被折断，
把整张脸埋进自己的河岸。
赫丘利在利比亚的沙地里拖拽安泰，
并用卡科斯的死平息伊万得的愤怒。

他那被苍穹重压的肩膀，
为捕捉野猪流下了汗水。
作为他最后辛劳，
他用不屈的脖子顶起苍穹，
作为他最后的奖赏，
他在天上赢得一席之地。
前进吧，勇敢的人们，
在这个伟大榜样的指引下，
走上崇高的道路。
为什么要懈怠，为什么要逃跑？
征服大地，赐你星辰。

第五卷

一

她结束了这番话，正要转移话题，解释其他一些问题的时候，我说：“您的劝勉确实很对，与您的权威完全相配，但是您刚才关于天意的说法，我凭经验就已经知道了，它确实曾经困扰了许多人。而我想知道的是，您是否认为偶然性或运气是某种存在的东西，如果是的话，它是什么？”

她答道：“我正在加紧实现我的承诺，为你打开那条可以把你带回家园的道路。关于这些事情，虽然了解它们非常有用，但有点偏离我们设定要走的道路；如果你在偏僻小路上走得筋疲力尽，我担心你可能就不能在笔直的正道上走到尽头了。”

我说："您真的不需要为我担心，因为我把它当作休息，以此理解这些最让我喜欢的事物。与此同时，既然您的论证在各方面都建立在无可置疑的可靠凭证上，那么从中推论出来的东西都无可怀疑。"

她说："那么我答应你的请求。如果真有人要为偶然性下定义，把它当作一项随机的运动产生的结果，而不是从因果之链而来，那么我断言偶然性什么都不是，除了用来指称我们谈论的主题和事情，它是一个完全空洞无意义的声音。上帝将万物限制在他的秩序中，哪里还有偶然性的藏身之所？"没有任何事物来自无"是一个真观念，虽然没有先贤曾经为之证明，但他们把它作为有关自然和本性的一切论述的基础；虽然他们没有把它运用于创造的原则，而是把它运用于从属于创造的物体。然而，如果有什么东西的产生是无原因的，那么它显然是从无而来；如果这是不可能的，那么我们刚才所定义的这种偶然性也就不可能存在。"

我说："这是为什么？难道就没有什么东西能够正确地被称为偶然性或者运气吗？还是说，这些名字属于某些不为人知的事物？"

她说："我的亚里士多德在他的《物理学》一处论证

中[①]为偶然性下了定义，简洁明了，接近真理。”

我问：“他怎么说？”

“为了某个给定的目的而去做某事，由此产生另一样事物，有原因或者没有原因，但与本来预计将要产生的事物不同，这就叫作偶然性；比如有人在地里刨土，为的是翻耕田地，却意外地挖到了许多金子。这就是人们所说的靠运气得来的东西，但它不是从虚无中来的；其中有许多特殊的原因，它们的不可预见和出乎意料加在一起，看上去就像是发生了一起偶然的事件。如果那个翻地的人没有刨土，如果钱财的主人没有把金子放在那个特定的地方，那么发现金子的事情就不会发生。因此这些事情就是这次意外横财的原因；诸多原因一个接一个，最后合在一起产生了这次事件，而不是因为行为者有什么意图。藏金子的人不想金子被人发现，在田里翻地的人也没有想到要发现金子，然而如我所说，有人把金子藏在那里，而另一个人碰巧挖到了。因此我们可以把偶然性定义为‘在出于某种目的做某事的时候，在许多原因共同作用下发生了的未曾预料到的事件’。因此使诸多原因汇集在一起、共同起作

① 亚里士多德：《物理学》第 2 章，第 4—5 节。

用的是某个有着必然联系的秩序，它将相关的一切安排在恰当的时间和地点，而它的根源在于天意，运气由天意而产生。”

撤退到亚克梅尼斯的崇山峻岭，
在悬崖峭壁上转身，①
骁勇的帕提亚人拔出利箭，
射穿追击者的喉咙；②
底格里斯河与幼发拉底河共有一个源头，
它们分开以后波涛汹涌；
如果它们能够汇聚在一起，
再次回到同一个河道，
如果它们的水流能汇聚成一条大江，
那么河中的船只就会相遇，

① 亚克梅尼斯（Achaemenes）是波斯国王居鲁士（Cyrus）的祖父。形容词“亚克梅尼斯的”（Achaemenius）的意思是“波斯的”（Persian）。底格里斯河和幼发拉底河同源是一种错误的说法，历史学家希罗多德、斯特拉波、普林尼都指出过这是错误的。

② 帕提亚人撤退时的“回马箭”让敌人措手不及，甚至有“帕提亚人的箭”这样的俗语，用来表示“临走时的尖刻话”。这个例子说明，追击者突如其来的中箭，实际上有诸多原因，不是偶然的。

被大江像树枝那样撕碎，
混合以后的江水会产生漩涡。
然而胡乱行走的河流，
总是朝着大地的低谷流淌，
受到本性的控制往低处流动。
漫无目的、缰绳松脱、到处游荡的偶然性，
也有自身特有的笼头，循法则而动。

二

我说："我明白了，我同意它是您说的这个样子。但是，是否任何出于自由意志的行为、出于天命的运动，乃至于人的心灵活动，都受到这个紧密相连的原因序列的约束？"

她说："自由当然是有的，因为任何有理性的生灵，只要有一样的本性，都不可能没有意志的自由。依其本性能够使用理智的也有下判断的能力，并且对每件事情做决定；所以它能分辨哪些事物是自己要避免的，哪些事物是自己想要的。断定某物是自己想要的，人就去追求；认为哪些事情应该避免，他就逃离。因此那些自身拥有理智的人也就有了'想要'或者'不想要'的自由；但我可以肯定，这种自由在所有这些人身上是不平等的。因为属天的、神圣的实体具有细致入微的判断力，拥有永不腐朽的意志，还有获得它们想要的东西的能力。当人本身驻留在对神圣心灵的沉思时，人的灵魂必定是最自由的；当它们滑入有形物体的时候，它们拥有的自由较少，当它们被囚禁在属地的肉体之中时，它们就更不自由了。向邪恶投降，在堕落中丧失它们固有的理性，这就是它们最终受奴役的时候。它们的视线一旦离开最高的真理之光，落到那些低级的、黑暗的事物上，它们马上就被无知的迷雾所困惑，被富有破坏性的情感起伏所困扰；由于投降屈服、唯唯诺诺，它们的奴性大大增强，所以在一定意义上，它们被自己的自由囚禁了。在永恒中关照万物的天意预见到这一点，并且按照功过为每个人规定了早已注定的赏罚。”

太阳神撒下纯洁的光明，
“眼观万物、耳听万事”，①
荷马用甜美的声音吟诵；
然而即使是他也太虚弱，

① 荷马：《伊利亚特》第3卷，第277行。

用他的光线不能一下子射穿
大地或海洋的深处。
伟大宇宙的创造者则不同；
他从高处俯瞰万物，
大地和乌云密布的黑夜都无法阻挡。
现在有的、过去有的、将要有的事物，
瞬间思及，尽收眼前；
唯有他洞察一切，
可称为真正的太阳。

三

我说："您瞧，我又被一个更加困难的疑惑给弄糊涂了。"

她问道："什么疑惑？告诉我，尽管我已经猜到困扰你的是什么。"

我说："上帝预知一切，存在着自由意志，这两件事情实在是过于自相矛盾，相互冲突。如果上帝能预见一切，并且无论如何都不会出错，那么在他的天意里，他所预见的都必然会发生。所以，如果他从永恒中预见到的一切，不仅包括人的行为，而且包括他们心中的谋划和欲望，那么自由意志就不存在了；除了不会出错的天意预先察觉的事情之外，完全不可能有其他欲望或行动存在。因为，如果他们能够转入一条与上帝的预见不同的道路，那么就不再有对未来可靠的预见，而只有不确定的意见，但我认为这样的意见对上帝的信仰是不虔诚的。

“我也不同意某些人的论述，他们相信自己能够解开这个绳结。[①]他们说，与其说一件事情不会发生，因为天意已经预见到它将要发生，不如反过来说既然某事将要发生，它就不可能对天意隐瞒，于是在一定程度上，必然性偷偷地转向相反的一边。他们说那些被预见到的事情的发生不是必然的，正好相反，对那些将会发生的事情的预见却是必然的；这就好比我们的工作是要去发现对未来事物的预知为什么具有必然性，或者天意对未来事物的预知具有必然性的原因；也好比说我们并不想努力说明各种原因的序列处在一种什么样的状态，哪怕预知看起来好像并没有赋予未来事物发生的必然性。

“举例来说，确实，如果有人坐着，那么‘他坐着’这个意见必定是真的；反之亦然，如果关于某人的意见‘他

① 指难题。弗里吉亚王国有神谕说，谁能解开一个难解的绳结，日后即可成为亚细亚之王，后为亚历山大大帝一剑斩断。

坐着’是真的，那么他必定坐着。因此这两种情况都有必然性，于后者，他必然坐着，于前者，这个意见必然是真的。但是并非由于‘他坐着’这个意见为真，所以他坐着；倒不如说，这个意见为真，因为有人坐着这个事实在先。所以，尽管真正的原因来自一种情况，然而两种情况都有共同的必然性。

“在涉及天意和将来的事件时，显然也可以使用这种推理，即使被预见到的原因就是它们是将来的事件，然而将来的事件不会只因为它们被预见到了而发生；所以不管怎么说，事情要么必定被上帝预见，因为它们正在到来，要么它们发生了，因为它们被预见到了，仅此就足以摧毁意志自由。但是应当说这个论证是在颠倒黑白，它竟然把在时间中发生的事物说成是永恒预见的原因！另一种说法又怎样？认为上帝预见到将来的事情，因为这些事情将要发生，而不是认为那些事情一旦发生就成为上帝的最高天意的原因。再说，就好像当我知道某些事物存在的时候，就认为它必然存在，所以当我知道某事物将要存在的时候，就认为该事物将会必然存在；所以，一个被预见将要发生的事物必然发生，这是不可避免的。最后，如果某人对某事物的思考不同于该事物本身，那么他的思考不仅不是知识，而且是一个错误的意见，与知识的真实性相距甚远。所以按照这种思路，如果未来某事的发生是不确定的，或者不是必然的，那么又怎么可能预知它将要发生呢？就好像真正的知识不与谬误混杂，被知识所确定的事情就不可能与知识所确定的那个对象不同。知识之所以没有任何谬误，其真正的原因在于每一个独立的事物必然与知识对该事物的理解同一。

“好吧，上帝怎么预先知道这些不确定的事物将会是什么样子？如果上帝认为这些将不可避免地发生的事物还有不发生的可能，那么上帝错了；这么想是对上帝的不虔诚，如果大声说出来就显得更加不敬。但若他看到这些将来的事物其实就像它们现在这样，所以他知道这些事物要么发生，要么不发生，那么这是一种什么样的预见，无法抓住任何确定稳固的东西？它与提瑞西亚那个荒谬的预言①比起来又有什么不同呢？——‘我说的任何事情，要么发生，要么不发生。’如果神圣的天意以人的方式判断不确定事情的不确定发生，那么天意与人的意见相比又能好到哪里去？如果一切事物最确定的源泉在他那里，那就不存在任何不确定的东西，所以被他可靠地预见到的将会发生的事

① 参阅西塞罗：《论神性》第 1 卷，第 25 章。

情是确定的。

“因此人的意图或行动都没有自由可言，天意预见一切，不会出一点儿差错，将一切事物与一个现实的结果捆绑起来。人们一旦接受了这个看法，那么显而易见，人的一切事务必然随之走向巨大的崩溃！因为既然人的心灵没有自由的和自愿的行动，对好人或坏人实施奖赏或惩罚也就变得徒然。惩恶褒善，我们现在断定为正义的事情会变得最不正义，因为这些行为的发生不是由自由意志所推动，而是被必然性所驱使。因此，邪恶和美德都不存在了，有的只是将所有功过混杂在一起而无法区别的混乱；而且由于事物的整个秩序都来自天意，对人的意图而言没有任何真正的可能，所以从中可以推论，甚至连我们的恶行也要归于一切善物的创造者——无法想象还有比这更加邪恶的结论！这样的话，对任何事情心存希望或者祈祷任何事情的转变都变得毫无意义；当一个不可更改的进程锁定一切的时候，任何人抱有希望或者祈求事情的转变还有什么可能？所以，人和上帝之间仅有的沟通渠道，希望和避免灾厄的祈祷，将被消除——如果真能以人的适当的谦卑为代价，赢得上帝无价的恩赐作为回报的话——同时那也是人类得以和上帝对话的唯一途径；并且就是以这种祈求的方式，甚至在人类得到所追求的东西之前，人类得以加入那个无法接近的光明。一旦承认未来事物的必然性，那么这些东西将被认为是没有力量的，我们又怎能加入和依靠他这个万物的最高法则？因此，随之而来的结果必然是，就如您不久前所唱的那样，① 人类被撕成碎片，并且被拆散分开，化成点点碎屑，从他们的源头坠落。”

什么原因引起了不和，
破坏了世界的团结？
哪位神在两个真理之间挑起如此巨大的纷争，
乃至于相同的事物分离
不愿并行不悖？
又或真理之间并无这样的不和，
相互之间永远坚定地依赖，
而被身体不可见的部分腐蚀的心灵，
靠它被压制的光明之火，
不能辨识世上诸多纤细的联结？
但心灵为何迸发如此巨大的热爱，

① 参考本书第四卷第六章的诗句。

要去寻找真理隐藏的特性?
它是否知道自己热切寻求的是什么?
谁会费尽气力学习已经知道的东西?
不过心灵要是不知道，为何要盲目寻找?
谁会期盼自己不知道的东西，
谁能追求未知的事物，
它们又怎能被发现?
谁能于无知中辨认所要寻找的事物的形式?
当心灵察觉到最高的天意，
它立刻能知道整体和各个部分吗?
心灵现在为肉体的各个部分遮蔽和隐藏，
虽未完全忘却自己，
却在保有了整体时失去了部分。
因此无论谁寻求真理，
都只有两种情况:
既非有知，亦非完全无知，
他持有、记忆并反思整体，
把在高天察觉的一切再想一遍，
这样他可以保存下来的那些东西上，
添加遗忘的部分。

四

接下去她说："这是有关天意的陈旧牢骚，西塞罗在为各种占卜分类时[①]深刻地讨论过天意，你自己也曾在心中长久思考；但是迄今为止，你们中的任何人都还没有充分、周详、确定地证明天意。造成这种局面的原因是，人类理智的推论还不能达到神圣预知的单纯性；如果有谁能够通过任何方式拥有预知，那么任何疑问都将被驱散。我要试着澄清和解释这个问题，我正好是第一次考虑这些困扰着你的事情。我问你，那些试图解决问题的人提出来的解释，预知不是任何未来事件的必然性的原因，意志自由完全不受预知的限制，你为什么认为这个解释无效呢？而你自己除了指出预知的事情不可能不发生这一事实，你也没有提出其他证据来证明未来事物的必然性，对吗？如果就你刚才确实承认过的那样，预知没有将必然性强加予未来的事物，那么凭什么由意志决定的事情要被迫按照一个确定的后果终结呢？

"现在为了论证的方便，好让你明白下面的推论，就让

① 参阅西塞罗：《论占卜》第 2 卷，第 3 章。

我们先假设没有预知。在这种情况下，那些由意志决定的事情不会被迫归入任何必然性，对吗？”

“对。”

“反过来，让我们假设预知存在，它却不命令事物服从必然性；我想，那将会保留同样的意志自由，完整而绝对。但是你会反驳说，虽然预知不给未来的事物指派必然性，使其必然发生，但它是事物必定如此如此变化的符号。这样的话，即使预知不存在，我们也要承认未来事物的结果是必然的；因为每个符号仅仅指示事物是什么，而不导致它指称的事物的发生。因此首先必须证明必然性之外无物发生，从而可以把预知视为那个必然性的符号。另外，如果必然性不存在，那么预知也就不能成为一个不存在的事物的符号。但是我们都同意，要得出一个由可靠的推理支撑的证明，就一定不能从符号出发，也不能从外在于主体的论据出发，而必须从相关和必然的原因出发。

“但是，被预见存在于未来的事物却不会发生，这怎么可能呢？这就好比要我们相信，天意所预知将要发生的事情却不会发生，那还不如认为虽然它们确实发生了，但是出于本性，它们并没有一定要发生的必然性。你可以很容易感受到下面这个结论：就像许多事物，当它们正在发生的时候，我们看到它们出现在我们眼前，就像驭手在让他们的马车转弯时所看到的事物。如果上面的结论成立，那么没有任何必然性强迫这些事物发生，对吗？”

“肯定如此，如果万物的运动都是被迫的，那么使用技能将毫无用处。”

“所以正在发生的事物并没有任何必然性让它变成这个样子，同样，这些事物在它们发生之前都是未来的，没有任何必然性。所以，有些即将发生的事物，其发生外在于一切必然性，因而是自由的。我认为对于那些现在正在发生的事物，没有人会说‘它们从前不会发生’；所以，甚至对这些被预知的事物来说，其发生也是自由的。就如关于现存事物的知识不会给正在发生的事物注入必然性，关于未来事物的知识也不会给即将发生的事物带来任何东西。但是你说，这恰恰在怀疑是否有关于没有必然结果的事物的知识。因为这两样东西，预知和不必然的结果，看起来是不能共存的，而你认为如果事物被预知，那么必然性就是结果，如果没有必然性，它们就一点都不能被预知，因为知识除了可靠必然的东西外，什么都确定不了。但是，如果结果不是必然的事物能够被预见，仿佛它们是确定的一样，那可就真是含混的意见而不是知识的真理了；你相信，不能按照事物本身去思考事物就与知识的完整性背道而驰。引起这个错误的原因是，每个人都认为自己所知道的事物是单纯地依靠那些事物的力量和本性所认识的。一个与此完全不同的说法是，每一被认识的事物都不是依据它本身的力量，而是依据认知者的能力而被认识。这一点可以通过简单的例子来说明，同样的圆形物体，视力以一种方式辨认，触摸则以另外一种方式辨认；前一种感官虽然与物体保持一段距离，但是依靠物体发出的光，马上可以窥见全貌，而后一种感官通过与圆球的接触，手指沿着它的圆形表面滑动，一部分接一部分地认识它的圆形。

“人本身也是这样，它被感觉、想象、理性和理智以各种方式注视着。感觉检验固定在内里质料之上的外形，想象只把握脱离质料的外形；而理性超越二者，对具体的形式本身进行一般的考察，具体的形式在单独的个体中呈现。但理智之眼的位置还要高；它超越了围绕着一个整体打转的过程，以心灵纯粹的视力窥见单纯的形式本身。在这里有一个最伟大的考虑：较高的认识的力量包含着较低的认识的力量，而较低的认识的力量无法上升为较高的认识的力量。因为感觉不能离开质料而获知事物，想象不能看到普遍的种类的形式，理性不能领会单纯的形式；但是理智，因为它是从上往下俯视，通过察觉‘形式’本身而区分属于该形式的一切事物，但也正因如此，这种理解形式本身的方式不能为其他任何事物认识。因为它知道理性的一般和想象的形状，以及可感的物体，在不使用理性的情况下，想象或感觉依靠心灵的一瞥，可以同时看到上述所有东西。理性也是这样，它在认识一般的时候，并不使用想象或感觉去领会可想象的和可感觉的东西。理性可以给一般下定义，比如人是理性的两足动物。尽管这是一个一般的观念，但同时无人会不知理性正在考虑的是一个可以想象的、可以感觉的事物。想象也一样，虽然它以感觉为起点看见和形成事物的外形，但它与感觉无关，它不是用一种感觉的方式而是用一种想象的方式考察所有可感事物。所以你是否明白，在认识事物的时候，所有这些都在使用它们自身的能力，而不是在使用那些被认识的事物的能力？下面这种说法也就没有错：由于每一个‘判断’都是一个下判断的行为，所以每一种认识在履行自己的任务时必定不会使用其他认识的力量，而是使用自身的力量。”

这个柱廊[①]给这个世界带来了
几位非常晦涩陈腐的哲学家，
比如思考可感事物的形象，
他们认为外在的物体
在人的心灵上打上烙印，
就好像用快速移动的尖笔，
人在空白的纸张上写下字母，
但若恰当运动的心灵
显露出一片空白，
只是被动地接受其他物体的印记，
就像一面镜子
只能反射事物空洞的影像，
那么人心中辨识一切的力量
又从何而来？
什么力量使个体有了知觉？
什么力量能划分已知的万物？
它能将被划分的万物再次集合，
让心灵一会儿昂首仰望最高的事物，

① 指斯多亚学派，该学派的哲学家常在雅典柱廊演讲。

一会儿低头俯视最低的事物，
然后回归自身
用真理反驳谬误。
这个解释比以前更加有效，
它绝非在物体上留下的印记。
心灵中有各种力量激荡，
活着的身体里有情感的运动，
犹如光线照到眼睛，
声音在耳边回响。
然后心灵苏醒过来的力量，
在相同的运动中想起它掌握的各种形式，
把它们运用于从外部接受的印记，
使形象与隐藏在内的形式联系在一起。

五

“在感知有形体的事物时，从外而来的诸多性质影响了感觉器官，身体的冲动（passio）先于心灵活动被激活，这种冲动唤醒了隐藏在心灵之中静止的各种形式并作用于自身；我还要说，在感知有形体的事物时，心灵没有被那种冲动打上印记，而是依靠它自身的力量对这种冲动下判断，因为冲动是身体的一种特质，那么在这个判断的活动中，这些与身体的所有作用完全分离的事物，只是被它们所属的心灵的行为所驱动，并不追随从外部呈现的事物！所以按照这个原则，多种多样的知识属于多种不同的实体。没有任何知识的感觉只属于那些不会动的活物，比如海贝和攀附在岩石上生长的东西；想象属于那些会动的兽类，它们显然已经有一些逃跑或寻找东西的意向了。理性只属于人类，就如神智只属于神。要是有某种知识依靠其本性，不仅知道自身的对象，而且也知道其他种类知识的主体，那么这种知识就比其他种类的知识优越。

“如果感觉和想象驳斥理性，说理性以为自身认识到的一般的东西其实什么都不是，那会怎样？它们会说，感觉和想象的对象不可能是一般的、普遍的；所以，要么理性的判断是真的，不存在任何可感的事物，要么理性的概念是空洞的，因为它们知道有许多事物是感觉和想象认识的对象，而理性则把可感的和个别的事物当作某种一般的东西。还有，如果理性回答说它自己确实在这些事物的一般中看到了感觉和想象的对象，而它们却不能上升到一般的知识，因为它们的知识不能超越物体的形状，而我们必须信任更加牢靠和完善的判断，这些判断关系到事物的知识，那么在这样的论述中，由于我们自身拥有理性的力量，也拥有想象和感觉的力量，我们不是也应该恰当地支持理性的主张吗？与此相同，人类的理性也会认为神圣的理智看不到未来的事物，除非神圣理智所用的方法与理性自身认识未来事物的方法相同。这也是你的争论：如果某事物似乎不具有确定的、必然的发生，那么要想确定地预知那些事物是否将要发生也是不可能的。所以对于这些事物来说不存在预知，如果我们认为对这些事物有预知，那么除了必然性规定了的事物之外，其他任何事物都不会发生。就好比我们分有理性，我们也能分有神圣心灵的判断，既然我们已经判定想象和感觉应该为理性让路，那么我们也应该认为人类理性应当服从神圣的心灵。因此，要是能够做到，让我们被提升到最高理智的高度；在那里，理性将会看到它依靠自身看不到的东西，也就是说，以某种方式，甚至那些不一定发生的事物都被确定明白的预见所看到，那可不是一种意见，而是单纯的、没有任何限制的最高知识。”

大地上行走的活物形体何其多样！
有的身体修长，扫掠尘土，

画出绵延沟壑，用腹部之力行走；
有些摆动轻盈的双翼拍打清风，
漂浮在天空中平稳飞翔；
有些喜欢在大地上印下足迹，
穿越绿色的田野和丛林。
你看到它们形体各异，
它们的脸朝向大地
使它们的感觉变得沉重而迟钝。
只有人类能够抬起他们高贵的头颅，
身体灵巧地直立俯瞰大地。
这个形体在告诉你：
（除非你由于属于泥土而愚蠢地犯错误）
要抬起头来搜寻天空，
也要让你的心灵高长，
以免负重下沉，
坠落得比上升的肉体还要低。

六

“如前所示，每一个被认识的事物都不是根据它自身的本性，而是根据认识者的本性而被认识，现在只要允许，就让我们来考察一下神圣实体的本性是什么，以便我们能够辨认他拥有什么种类的知识。既然‘上帝是永恒的’，这是所有遵循理性生活的人作出的共同判断，那么让我们考虑一下什么是‘永恒’；这样一来我们可以清楚神圣的本性和神圣的知识。永恒就是对无限生命的整个的、同时的、完美的占有，拿它和有时间的事物作比较，会使人更加容易理解。因为生活在时间中的任何事物，在‘现在’行走，从‘过去’走来，往‘未来’走去，在时间中产生的东西没有一个能够拥抱它生命的全部时间，它当然还未抓住‘明天’，而‘昨天’已经失去。在一天又一天的生活中，你只不过是在运动变化、转瞬即逝的瞬间里生活。因此就如亚里士多德思考这个世界时所说，时间没有开端，也不会停止，所以任何在时间中延续的事物，即使它的生命被拉长到无限，我们也还不能正确地认为它是永恒的。因为它不能同时理解和拥抱它的生命的全部时间，尽管它是无限的，但它还未拥有未来，也不再拥有过去。因此任何事物，一旦理解和拥有了圆满无限的生命，并且不缺少任何未来的东西，也不曾遗漏任何过去的东西，那么，就能正确地认为它是永恒的，而且它必定始终向其自身呈现，在‘现在’拥有自身，并把无限流动的时间都当作‘现在’。

“所以，当有些人听说柏拉图认为这个世界在时间上既没有开端也没有终结，他们就错误地以为这个被造的世界与创造者一样是永恒的。因为生命的无限延长是一回事，这是柏拉图赋予这个世界的属性，同时把握整个无限的生命是另外一回事，它显然是神圣的心灵的属性。上帝并不因为某段时间上的差距，所以看起来要比被造物更古老，这是他自身本性的单纯性使然。这个不动的生命的当前本性是时间中的事物的无限的运动模仿的对象，但不能充分地再现和与之等同，所以它不能从不动变成运动；它回避在无限的将来和过去中呈现的单纯性，因为它不能同时占有整个完整的生命；就是在这个方面，它似乎变得无法充分呈现自己，而只能将自己与某种转瞬即逝的‘现在’捆在一起，这种现在是对永久的现在的一种模仿，赋予它触及的任何事物以将会呈现的样子。但由于它不是永久的，它抓住的只是时间的无限进程，所以它以这种方式维持着生命的延续，而不是能凭着永久而把握圆满的生命。所以，如果我们希望给事物起适合于它们的名字，那么遵循柏拉图的教导，我们应该说上帝的确是永恒的，而这个世界是永久的。

“由于每一个判断都按照被判断的事物的本性理解该事

物，上帝有一个始终永久和当前的本性，所以上帝的知识也超越所有时间的运动，上帝是永久的现在，并且拥有全部未来和无限的过去，他在一个简单的知识行为中考虑它们，仿佛它们正在进行。所以，如果你想要思考他据以洞悉万物的预知，你将更加正确地断定他的预知不是关于未来的，而是关于永远不会过去的当下。所以，人们不叫它先见（praevidentia），也就是‘事先看见’，而叫它天意（providentia），也就是‘向前展望’，因为它远离最低下的万物向前展望，就像从世界之巅俯瞰万物。[①] 那么，既然不会因为人看到某事物而使该事物成为必然，你为什么要求那些被上帝扫视的万事万物成为必然呢？毕竟，你对它们的观看并不能赋予你当前看到的事物任何必然性，难道不是吗？”

“完全不会。”

“如果神的‘现在’和人类的‘现在’适宜作比较，那么就像你在转瞬即逝的‘现在’看到某些东西，所以他在永恒的‘现在’察觉一切。所以，这种神的预知并不改变事物的本性，而是看到它们当前的样子和在未来某个时间

---

① 拉丁文的前缀“prae-”，表示时间上在先，前缀“pro-”，则包含了方向上向前的意思。后面的词根“-videntia”是“看见”的意思。

点上的样子是一样的。他也不会混淆判断事物的方法，而是用他心灵的一瞥分辨那些必然变化的事物和不必然变化的事物，就好像你在同一时间看到一个人正在地面上散步，而太阳正在天上冉冉上升，两样事情虽然同时看到，但你分辨了它们，并且断定第一件事是自愿的，而第二件事是必然的。所以，俯视万物的神的感知根本不会干扰任何对他来说实际上是‘现在’的事物的性质，而会干预特定时间条件下的‘未来’。这也就是说，假定某件事情缺乏任何发生的必然性，而上帝也知道它的发生没有必然性，但只要上帝知道这件事情即将发生，这个‘知道’就不是一个意见，而是一个基于真理的认识。

“如果在这一点上你想说，上帝看到的将会出现的事情不能不出现，并说不能不出现的事情的发生正是来自必然性，以便用‘必然性’这个词来束缚我，那么我会承认，这确实是一个出自最稳固真理的难题，除了神学家简直没有任何人能够对付。我不得不回答说，同样一个未来事件，当它与神的知识关联起来，它就是必然的，而思考它自身的本性，那么它看起来是完全自由的、绝对自由的。因为事实上存在两种必然性，第一种是单纯的、无条件的，例如‘人皆有死’是必然的；另一种是有条件的，譬如说如果你知道‘某人在散步’，那么他在散步是必然的。人所知的任何事物都不可能与它被知有什么不同，但是这种有条件的必然性与另一种单纯的、无条件的必然性不一样。因为这种必然性不是来自事物的固有本性，而是由于条件的添加；虽然在某人正在散步的那个时间点上他必然在走动，但是没有必然性强迫一个按照自己的意愿散步的人走动。那么以同样的方式，如果天意把任何一个事物看作现在的，那么该事物就必然发生，即使依其本性它并不拥有必然性。但是上帝把那些由于意志自由而发生的未来事件看作现在的；所以它们与神的感知相关联，通过神的知识这个条件而成为必然，而在它们自身看来也没有丧失它们本性的绝对自由。所以上帝预知将要发生的一切事物无疑都会发生，但它们中有些是出于自由意志，尽管它们确实要发生，但在发生时它们并没有丧失固有的本性，依据本性，在它们发生之前，也有不发生的可能性。它们不是必然的，而由于有了神的知识这个条件，它们在各方面都变得像必然的一样，但这有什么关系呢？就像我刚才摆在你面前的那两件事情，上升的太阳和散步的人；当这些事情发生的时候，它们不可能不发生；但是前者，甚至在发生之前，就已经注定要发生，而对另一个来说，却不尽然。所以，那些被上帝当作现在而拥有的事物毫无疑问将会发生，但在它们中间，有一种是事物必然性的结果，另一种是做这些事情的人的力量的结果。因此我们这样说并没有错，如果联系到神的知识，这些事物就是必然的，如果从它们自身来看，它们摆脱了必然性的束缚，是自由的；这就好像对感觉开放的任何事物，如果你将它和理性联系在一起，那么它是一般，如果你仅仅看它本身，那么它是个别。

“但是你会说，如果我有改变意愿的力量，那么我会使天意成为废话，我有可能会改变天意所预知的事情。对此我会回答说，你确实能够改变你的意愿，但由于天意的真理在它的‘现在’中看到你能这样做、你是否会这样做、你会朝哪个方向改变，所以就像你不能逃脱一个当下的眼睛的注视，你无法回避天意的预知，哪怕你出于自己的自由意志采取了不同的行为。对此你还有什么要说？神的知识也会被我的安排改变吗？因为我在这一个时候想做这件事，在别一个时候想做那件事，神的知识也会把人从这种变成那种吗？完全不会。因为神的知觉跑在每一未来事件的前头，它也会回过头来用现在的知识回忆过去，而它本身不会改变；就像你建议的那样，他一会儿预知这个，一会儿预知那个，但它仍然保持自身，并在一瞥中预见和包含你所有的改变。上帝拥有的对万物的瞬间把握不是来自未来事件的流溢，而是来自它本身的单纯性。以这种方式也可以解决你前不久提出的问题，即不能把我们未来的行动说成是上帝的知识的原因。他的知识的本性就像我们已经描述过的那样，它在一个当前的认识行为中就包含了一切，为每一事物建立一个尺度，对以后发生的事件没有任何亏欠。事情就是这样，但自由意志仍然不受干扰地保留给了凡人，对摆脱了必然性的自由意志的奖惩也不会不公正。预知一切的上帝也仍然在高处观察我们的行动的未来的性质，他眼中看到的始终是当下的‘永恒’，奖赏好人，惩罚恶人。我们对上帝的希望不会落空，我们的祷告不会落空，只要它们是对的，就不可能无效。远离邪恶，培养美德，朝着正确的希望提升你的心灵，向上苍奉献谦卑的祈祷。当你在一位洞察一切的法官面前行事时，他已经庄严地为你规定了一条伟大的必然性，如果你不想欺骗自己，那就行善吧！”